実務叢書 わかりやすい不動産の適正取引 シリーズ

不動産賃貸借 Q&A

著：佐藤 貴美

編：（一財）不動産適正取引推進機構

は　じ　め　に

　賃貸住宅を利用する場合に貸主と借主との間で結ばれる賃貸借契約をめぐっては、賃料の取扱いや原状回復の取扱いなどに係る様々なトラブルが生じており、一般財団法人不動産適正取引推進機構や不動産業界団体、消費者生活センターなどには多くの相談が寄せられています。

　賃貸借契約に関しては、民法や借地借家法などの法令に基づく取扱いが求められますが、実際にトラブルとなり、当事者間で話し合いなどによって解決ができないときには、最終的には裁判で解決が図られることとなります。さらに、賃貸住宅は、国民の主要な居住形態として大きな役割を占めており、安全安心な賃貸住宅の提供と適正な賃貸借契約・管理の実現のため、これまで行政サイドからも様々な指針等が示されてきました（賃貸住宅標準契約書、原状回復をめぐるトラブルとガイドライン（以下本書では「原状回復ガイドライン」といいます。）など）。また、令和3年には、サブリース関係の適正化に係る措置や賃貸住宅管理業者の登録制度等を定めた「賃貸住宅の管理の適正化等に関する法律」が施行されたところです。

　賃貸借当事者が実際にトラブルに直面し対応を検討する際には、これらの関係法令や裁判例、行政から示される指針等を参考にすることが大切です。また、相談担当者や仲介・管理に携わる不動産業者におかれては、これらを参考にしつつ、個々の事案における個別事情を踏まえて対応することにより、トラブルを解決し、またはトラブルを予防することによって、国民生活にとって重要な不動産の賃貸借契約関係の適正化を図ることが求められます。

　そこで今般、一般財団法人不動産適正取引推進機構のご協力のもと、機構に実際に寄せられた相談事例や最近の裁判例を踏まえ、当事者間に実際に起こり得るトラブルに対し、主要な争点を整理する際の視点や不動産業者が留意すべき点をできるだけ分かり易くご紹介するという趣旨のもと、本書を作成いたしました。

　本書は、賃貸借契約の締結から終了に至るまでの様々な局面に係る相談内容を69の項目に分けて紹介しています。各項目は、それぞれ次のような構成となっています。

　○「相談事例」

実際に一般財団法人不動産適正取引推進機構に寄せられた相談内容や関連裁判例の事案の概要をベースとした具体的な相談事例を紹介しています。

〇「関連裁判例の紹介」

相談事例の取扱いを検討するうえで参考となる最近の裁判例を紹介しています。具体的な紛争の事案がどうなっているのか、各当事者がそれぞれどのような主張をしているのか、それに対し裁判所がどのように判断したのかを、できるだけ分かり易く記述するよう心掛けました。したがって、実際の判決文をそのまま引用しているものではありませんので、より詳細に判決内容を分析いただく際には、別途判例集等をご確認いただく必要があることにご留意ください（※）。

〇「本事例を検討する際の留意点」

相談事例や関連裁判例でどのような点が問題とされるのかをまとめています。実際のトラブルは、事案によって背景や事情が異なりますので、類似の裁判例があるからといって同じ結論になるわけではありません。具体的なトラブルの内容を整理し、今後の対応を検討したり、相談者に助言する際のポイントを把握したりする際の参考として活用いただくことを主眼としています。

〇「本事例及び上記判決から学ぶこと」

相談事例や関連裁判例をもとに、賃貸借関係の適正化等のためには何が必要なのかをまとめています。とりわけ賃貸借契約関係の適正化に重要な役割を担っている不動産業者が、仲介や管理の立場から、法令や裁判例、行政が示している指針等に基づきどのような対応が求められるのか、最近の動きも含めて確認いただくことを主眼としています。

法律相談は紛争解決の場ではなく、方法や役割につき一定の限界があることから、相談担当者は、法令や判例等の取扱いにかかる客観的かつ公平な情報を相談者に提示し、考え方の整理をしてもらうようにすることが大切です。

また、賃貸契約関係の適正化に重要な役割を担っている不動産業者は、法令等に従うことは当然として、それに加えて個別の契約関係において、当事者間にトラブルが生じないようにするための対応が求められます。

実際にトラブルに直面している当事者のみならず、各機関の相談担当者や

不動産業者など、賃貸不動産に係わる様々な立場の方が、本書を通じて、具体的な事例を踏まえつつ適正な業務遂行等の在り方を考えご対応いただくことによって、不動産賃貸借の適正化の実現にお役立ていただければ幸いです。

　※関連裁判例については、一般財団法人不動産適正取引機構発行の「RETIO」に掲載されています。また、機構ホームページの RETIO判例検索システムにより裁判年月日（各事例の判決日）等での検索ができますので、適宜ご活用ください。

2022年6月

弁護士　佐藤　貴美
（一財）不動産適正取引推進機構

不動産賃貸借 Q&A ● 目次

不動産賃貸借 Q&A ●目次

Q01 定期建物賃貸借について、契約更新がない旨を借地借家法に基づき事前に説明を行っているので、期間満了時に建物を明け渡してもらいたい。

　私は賃貸人ですが、定期建物賃貸借契約時に仲介を依頼した宅建業者に、契約期間の満了により終了し更新がない旨の賃借人への事前説明（借地借家法38条2項）を依頼し、その者から賃借人に対し当該説明がなされています。契約の期間満了に際し、賃貸している建物の明渡しを求めることができるでしょうか。
　　　　　　　　　　　　　　　　　　　　　　　　　　　（賃貸人／法人）

関連裁判例の紹介

　本事例を検討するに当たっては、令和2年3月18日東京地裁判決が参考となります。

【上記判決の概要】

●事案の概要●

（X：賃貸人　Y：賃借人　A：媒介業者）

　平成25年2月21日、賃貸人Xと賃借人Yは、事務所ビルの一室（本件貸室）につき、賃貸借期間を平成25年3月13日〜平成30年3月12日とする定期建物賃貸借契約（本件契約）を締結した。

　本件契約に際し、媒介を行ったA（媒介業者）はYに対して「賃貸借の種類：定期建物賃貸借契約、※更新がなく、新たな賃貸借契約を締結する場合を除き期間の満了をもって契約は終了します。（借地借家法第38条）」（本件重説記載）と記載した重要事項説明書を交付し説明を行ったが、XからYに対する賃貸借は契約の更新がなく期間満了により賃貸借が終了する旨（本件特約）の借地借家法38条2項所定の書面（事前説明書）の交付・説明（事前説明）はなかった。

　平成29年9月、XがYに、期間の満了により本件建物の賃貸借が終了する旨の通知をしたところ、Yは「事前説明がなかったことから、本件契約は法律上は定期建物賃貸借契約でなく通常の賃貸借契約と見做されるとの見解を、複数の法律事務所から受けた。」として、本件契約は期間の満了により当然には終了しないと主張した。

　当初Xは、事前説明に瑕疵があったとして、円満解決による契約の終了をYに申し入れていたが、重要事項説明書が事前説明書を兼ねることが可能である旨の平成30年2月28日付国土交通省通知（国交省通知）の発出を知り、「Yへの事前説明は、Xが委任したAが本件重説記載にて行っているから本件特約は有効」と主

張して、改めてYに退去を求めた。しかしYに拒否されたことから、本件契約の終了及び本件貸室の明渡しを請求したのが本事案である。

●相手方（Y）の言い分●

　これに対しYは、賃貸人が行う事前説明を宅建業者が行う場合に必要な、XからAへ代理権が授与されていること及びAの重要事項説明が事前説明書を兼ねることの明示や説明はなく、国交省通知の発出までは重要事項説明書が事前説明書を兼ねることができないとの見解が一般的であったなどと主張している。

●裁判所の判断●

　裁判所は概ね次のように判断し、Xの請求を棄却しました。

（定期建物賃貸借の事前説明について）

① 　契約の更新がない旨を定める建物の賃貸借をしようとするときは、建物の賃貸人は、あらかじめ、建物の賃借人に対し、その建物の賃貸借は契約の更新がなく、期間の満了により当該建物の賃貸借は終了することについて、その旨を記載した書面を交付して説明しなければならない（借地借家法38条2項）。建物の賃貸人がその説明をしなかったときは、契約の更新がないこととする旨の定めは、無効となる（同条3項）。

（事前説明の代行について）

② 　この場合における事前説明は、建物の賃貸人に課せられた義務であり、宅建業者がなすべき重要事項説明をもって当然に代替されるものではない。そして、本件において、XはAに対し媒介を依頼したが、XとAとの間で事前説明の代行までその準委任事務に含めていたことを示す客観的証拠資料は見当たらない。事前説明の代行が取引慣行として媒介事務に含まれていることや、XとAとの間で事前説明の代行を媒介事務に含めていたことを認めるに足りる証拠もない。また、本件重要事項説明書には、Xがなすべき事前説明がAの代行により行われたことは何ら記載されていないし、本件重要事項説明の際、YにおいてXからの事前説明も受けていることを認識していたことを示す客観的証拠資料も見当たらない。

③ 　XはAに対して「包括的な代理権」を授与したとも主張するが、その内実についてのXの検討はそもそも説得的なものではなく、客観的裏付けもないので、採用できない。

（結論）

④ 　以上によれば、そもそもXが説明主体となっていたことを認める証拠はないことから、本件契約において、契約の更新がないとする旨の定めは無効であり、Xの請求には理由がない。

○本事例を検討する際の留意点

　定期建物賃貸借契約に係る事前説明は賃貸人本人が行うのが原則ですが、仲介をした宅建業者が、賃貸人を代理して説明することも認められます。ただしその場合には、当該説明の代理権の存在が客観的に明らかであること、賃借人が、宅建業者が賃貸人の代理として説明をしたことを認識していることなどが必要となります。その点が不十分であるときは、定期建物賃貸借としての取扱い（期間満了による契約の終了）は認められず、普通建物賃貸借契約として、更新拒絶の正当事由が認められない限り、賃借人に退去を求めることはできないことになります。

　したがって、上記判決を踏まえ、本事例においては、相談者や当時の仲介業者に、定期建物賃貸借の説明の在り方などの事実関係を確認のうえ、対応を検討することが大切です。

○本事例及び上記判決から学ぶこと

　宅建業者・宅建士は、賃貸人の代理として定期建物賃貸借契約の事前説明を書面を交付して行う場合には、それが宅建業法に基づく重要事項説明とは別であることを理解のうえ、賃貸人から代理権の授与を受け、その点が客観的に明らかになるようにしておく（媒介契約書に規定する、別に委任状を作成してもらうなど）ことが大切です。

　なお、「定期建物賃貸借に係る事前説明におけるテレビ会議等のITの活用等について」（平成30年3月28日国土動第133号及び国住賃第23号）では、借地借家法38条2項に規定する内容を記載し、当該部分は宅建士が賃貸人を代理して行う事前説明を兼ねる旨を記載した重要事項説明書を交付し、かつ、賃貸人から代理権を授与された宅建士が重要事項説明を行うことで、事前説明書の交付及び事前説明を兼ねることが可能であるとしています。ただしこの取扱いを採用する場合には、上記通知に記載する要件が完全に充足されているか、しっかりと確認する必要があるでしょう。

Q⁰² 定期建物賃貸借契約につき賃借人に対し期間満了による退去を求めたい。

同じ賃借人との間で、数回、賃貸借契約を締結し賃貸してきたが、いずれも定期建物賃貸借契約であるので、今回の契約期間の満了時に賃借人に退去を求めたい。　　　　　　　　　　　　　　　　　　　　　　（賃貸人／個人）

■関連裁判例の紹介■ ▶▶▶▶▶▶

本事例を検討するに当たっては、平成27年2月24日東京地裁判決が参考になります。

【上記判決の概要】
●事案の概要●
（Ｘ：賃貸人　Ｙ：賃借人　Ａ：前賃貸人）

平成12年11月、当時の賃貸人Ａは、賃借人Ｙと、Ａ所有店舗について期間3年の定期建物賃貸借契約（第1契約）を締結し、更新がなく期間満了により賃貸借が終了する旨の借地借家法38条2項所定の書面（法38条2項書面）を交付するとともに、「Ａ・Ｙ間に紛争等がない場合は次回の契約を速やかに継続締結する。紛争等があり平和的に解決できないときは期間満了時点で契約は終了する」旨の覚書（第1覚書）を締結した。

平成16年5月、ＡはＹに対し、「第1契約が期間満了により終了している。再契約の場合には賃貸条件を賃料月額25万円・保証金250万円・償却20％・契約期間3年にする」と通知した。翌月、ＹはＡに対し再契約及び契約書面の作成を求めたが、その後Ａ・Ｙ間で特段の交渉はされなかった。なお、同年7月分以降、Ｙは増額した賃料25万円をＡに支払っていた。

平成17年5月、ＡはＹに対し、「第1契約は期間満了により終了している。平成15年12月から平成18年11月の間は、契約は自動的に継続されている」として、平成18年11月までを期間とする賃貸借契約（第2契約）が締結されていることを前提とした保証金償却による保証金不足分の支払を求める通知を送付した。

平成18年11月、Ａの代理人Ｘは、Ｙとの間で、期間を3年とする定期建物賃貸借契約を締結し（第3契約）、法38条2項書面を交付するとともに、第3覚書（第1覚書とほぼ同趣旨）を締結した。同年12月、Ｘは相続によりＡの本件店舗の賃貸人の地位を承継した。

平成21年11月、ＸはＹとの間で、期間を3年とする定期建物賃貸借契約を締結し（本件契約）、法38条2項書面を交付するとともに、「Ｘ・Ｙ間に紛争等がない場合、Ｘが本件店舗を所有している場合は次回も継続して再契約する」旨の覚書

（本件覚書）を締結した。

　平成24年3月、XはYに対し、同年11月末日をもって本件契約を終了し本件店舗からの退去を求める旨の通知をしたが、Yが応じなかったことから、XがYに対し、本件店舗の明渡しを請求したのが本事案である。

●相手方（Y）の言い分●

　これに対しYは、本件契約は定期建物賃貸借契約の要件を欠いていることから、普通建物賃貸借契約であると主張している。

●裁判所の判断●

　裁判所は概ね次のように判断し、Xの請求を棄却しました。

（第1契約について）

①　第1契約は、特約である覚書1の内容が定期建物賃貸借契約の趣旨と異なるものではあるが、借地借家法38条2項の要件を欠くとまではいえないことから、定期建物賃貸借契約とすることを前提に合意されたものと推測される。

（第2契約について）

②　書面による賃貸借契約の締結が確認されない第1契約と第3契約の間については、Aは、Yに第1契約の期間満了による終了の通知をし、契約の自動継続を前提とした保証金の不足分を求める通知をしていること等から、遅くとも平成16年11月頃までに、平成18年11月までの3年間を契約期間とする建物賃貸借契約（第2契約）が合意されたと認められる。そして第2契約は、契約書面はなく、法38条2項の書面交付もないことから、借地借家法38条の所定の要件を欠き、普通建物賃貸借契約として合意されたというべきである。

（第3契約について）

③　普通建物賃貸借契約が継続している賃貸人と賃借人との間で、定期建物賃貸借契約を合意するためには、賃貸人は賃借人に対し、普通建物賃貸借契約を終了させること、定期建物賃貸借契約は普通建物賃貸借契約に比べて契約更新がない点でより不利益であることを説明し、認識させた上で契約を締結することを要すると解される。そうすると、第3契約が合意された平成18年11月時点においては、第2契約に係る普通建物賃貸借契約が継続していたのであるから、Xの契約終了の通知のみでは契約は終了せず、更新拒絶の正当事由があった証拠もないことから、第3契約は、普通建物賃貸借契約である第2契約の更新契約として合意されたものと解される。

（今回の更新について）

④　本件契約がなされた平成21年11月の時点は、Xから契約終了の通知はされているが、更新拒絶の正当事由があった証拠はない。また、定期建物賃貸借に使用される契約書式により契約書が作成され、法38条2項書面が交付されてはい

るが、Yに対しこれまでより不利益になること等についての説明がされた証拠はない。さらに本件覚書は、第1覚書、第3覚書と異なり、Ｘ・Ｙ間の紛争の有無を問わず再契約をする合意である。これらの事情を総合すると、本件契約も普通建物賃貸借契約である第2契約及びその更新契約である第3契約が更新されたものと解される。

（結論）

⑤　よって、本件契約は普通建物賃貸借であるから、借地借家法26条及び28条所定の要件（更新拒否の要件）を満たさないＸの本件店舗の明渡し請求には理由はない。

〇本事例を検討する際の留意点

　上記判決からすれば、本事例においては、契約期間満了後の再契約に際し、借地借家法38条所定の要件を満たしているか、事実関係を踏まえて確認のうえ、対応を検討することが大切です。

〇本事例及び上記判決から学ぶこと

　当初の定期建物賃貸借契約が終了し、再契約をする際に借地借家法38条所定の要件を満たした手続きを実施していない場合には、再契約後の契約は普通建物賃貸借契約となり、当該契約の期間満了後に同一当事者間で契約を継続する場合には、契約の更新と扱われ、賃貸人が契約を終了させる場合には、更新拒絶の正当事由が必要とされることになります。

　定期建物賃貸借契約の再契約を依頼された宅建業者・宅建士は、借地借家法38条所定の要件（書面等による事前説明、書面による契約（契約書の作成））を満たした手続きを確実に履践することが大切です。

　なお、令和4年5月18日施行の借地借家法の改正により、事前説明や契約は、書面ではなく電磁的方法によることも可能とされたことにも留意する必要があります。

Q03 賃貸建物の建替えに伴い、別の賃貸建物につき賃借人と取り交わした契約は定期建物賃貸借契約であるので、期間満了時に退去してほしい。

賃借人に賃貸していた建物が築50年を超えて老朽化し建て替える必要があったことから、賃借人との間で、隣接する建物につき、定期建物賃貸借契約を締結しました。このほど契約期間が満了したので、賃借人に退去してもらいたい。

(賃貸人／個人)

■関連裁判例の紹介■

本事例の検討に当たっては、平成26年11月20日東京地裁判決が参考となります。

【上記判決の概要】

●事案の概要●

(X：賃貸人　Y：賃借人　A：Xの代理人（Xの娘）　B：前賃貸人・Xの夫)

賃借人Yは、昭和55年12月、Xの夫B（当時の賃貸人）から、B所有の建物（旧賃借建物）を賃借し、旧賃借建物に約33年居住していた。

その後、Bの死亡により、Xは平成22年3月に旧賃借建物を含めて3件の貸家を相続した。Xは、上記3件の貸家が築50年を超えて老朽化したため、建替えを計画し、娘Aに依頼して立退き交渉を行い、Y以外の賃借人との間では、立退き交渉が成功した。

AはXの代理人として、Yとの間で、平成22年12月頃、Yが、旧賃借建物の向かいにある建物（本件建物）に転居すること、その際の引越費用はXが負担すること、本件建物の家賃については13万円から12万円に減額することなどを合意した。

Aは、平成23年1月22日、Yとの間で、「定期住宅賃貸借契約書」と題する書面（本件契約書）を取り交わした。本件契約書には、特約事項として「1. 契約期間：3年間、定期借家、更新不可、ペット飼育不可。2. 本契約は、契約期間の満了と（同一賃貸人の）隣接する戸建から戸建への移動に伴い、明渡しの期限が定められた「定期住宅賃貸借契約」にて締結する。」との文言がある。

Aは、同日、Yとの間で「定期建物賃貸借契約についての説明」と題する書面（本件説明書面）を取り交わした。本件説明書面は、借地借家法38条2項に定める説明をした旨の内容が記載されている。なお、本件契約書及び本件説明書面の作成は宅建業者が行ったが、当該宅建業者は、本件賃貸借契約の締結には一切関与していない。

Xは、Yに対し、平成25年7月31日付け書面により、本件賃貸借契約は定期建物賃貸借契約であることを理由に、平成26年1月31日の期間満了日にて契約が終了する旨を通知し、Yに対し明渡しを求めたが、Yが応じなかったことから、XがYに対し本件建物の明渡を請求したのが本事案である。

● 相手方（Y）の言い分 ●
　これに対しYは、本件契約書及び本件書面に署名・押印したのは、本件建物への移転居住が新築建物への再入居を前提にした書面である旨を誤信したからである旨主張している。

● 裁判所の判断 ●
　裁判所は概ね次のように判断し、Xの請求を棄却しました。
（宅建業者の関与について）
① 　本件契約書及び本件説明書面については、宅建業者が代行して行った旨の記載があるところ、実際には、宅建業者は、本件契約書及び本件説明書面の作成を代行しただけで、本件賃貸借契約の締結には一切関与していないことが認められる。
（定期建物賃貸借の事前説明者について）
② 　Xの主張によっても、本件契約書及び本件説明書面に基づいて、本件賃貸借契約が定期建物賃貸借となる旨の説明を行った者は、賃貸人であるX本人ではなく、Xの娘であるAであることが認められる。
（本件契約に至る経緯について）
③ 　Xの主張に沿うAの供述によれば、旧賃借建物については普通建物賃貸借であったにもかかわらず、本件賃貸借契約が定期建物賃貸借として新たに締結されたこととなるが、これによりYに生じる借家権喪失を補塡しうるだけの経済的合理性、必要性を認めることができない。すなわち、本件賃貸借契約の締結は、旧賃借建物から本件建物への移転に伴うものであったが、この際にYが受けた経済的給付等の利益は、引越費用、玄関先の塀の改造等とわずかであり、他方、Yからの申し出があれば普通建物賃貸借による条件でも応じたとするAの供述からすると、本件賃貸借契約を定期建物賃貸借に該当すると解すべき経済的条件を欠いているところである。
（Yの誤信等について）
④ 　Yが、本件建物への移転居住が新築建物への再入居を前提にした書面である旨を誤信し、本件契約書及び本件説明書面にした署名・押印したとするYの主張については、これを裏付ける証拠はY本人の供述以外にないが、再入居の約定違背に関するYの不満は、本件訴訟提起前の段階の公開質問状にも記載されており、Yの供述には一貫性が認められる。

（結論）

⑤　定期建物賃貸借契約については、当該契約に係る賃貸借契約は契約の更新が
　なく、期間の満了により終了すると認識しているか否かにかかわらず、借地借
　家法第38条所定の厳格な書面性を要すると解される最高裁判例に照らすと、前
　記①及び②の要式性等の不備を看過しえないばかりか、さらに前記③④などの
　事実を併せ考慮すると、本件賃貸借契約は、定期建物賃貸借であると解するこ
　とはできない。よって、XのYに対する建物明渡請求には理由がない。

○本事例を検討する際の留意点

　上記判決によれば、本事例においては、借地借家法38条所定の手続きがなされ
ていたか、従前の普通建物賃貸借の終了と新たな賃貸借契約の締結の経緯から新
賃貸借契約が2つの契約関係の連続性等を踏まえどのように性格付けられるかな
どを、事実関係を踏まえて確認のうえ、対応を検討することが大切です。

○本事例及び上記判決から学ぶこと

　宅建業者・宅建士は、本事例や上記判決の事案のように、建物の建て替え等に
伴い従前の賃貸借契約を終了させ、別な建物において新たに定期建物賃貸借契約
をするような場合には、新たな契約について借地借家法38条の要件を満たしてい
ることは当然として、従前の契約終了が正当事由を満たすといえるか、新たな賃
貸借契約は従前の契約とは完全に別個のものであると評価できるような事情があ
るか、賃借人がその旨を了解したかなどを確認のうえ、手続きを進めることが大
切です。

　なお、良質な賃貸住宅等の供給の促進に関する特別措置法附則3条により、平
成12年3月1日より前に締結した居住用の普通建物賃貸借契約は、当分の間、定期
建物賃貸借契約に切り替えることはできないとされていることにも留意する必要
があります。

Q⁰⁴ 賃借人募集を依頼した媒介業者を介して賃借人側媒介業者に支払った広告料の返金を求めたい。

賃借人募集を依頼した媒介業者にも、また、賃借人側の媒介業者にも、特段の広告を依頼した事実はないので、依頼した媒介業者を介して賃借人側媒介業者に支払われた広告費の返金を求めたい。　　　　　　　　（賃貸人／法人）

▌関連裁判例の紹介 ▶▶▶▶▶

　本事例を検討するに当たっては、平成27年7月9日東京地裁判決が参考となります。

【上記判決の概要】
●事案の概要●
（X：賃貸人　Y：媒介業者（客付）　A：媒介業者（元付）　B：賃借人）

　不動産の賃貸及び管理を業とする賃貸人Xは、媒介業者Aに委託して、自社の所有する賃貸建物の入居者募集を行っていたが、1年を経過しても賃借人が決まらなかった。そこでAは、Xと相談して、フリーレント期間2か月の条件を付けて、再度募集を強化するとともに、賃借人側の不動産業者に向けた条件として、契約時に賃借人が賃貸人に礼金1か月を支払った場合、広告料という名目で礼金1か月の金員をその業者に支払うという趣旨で、「礼金1か月付けた場合、AD（広告費）100パーセント」とするチラシを作成した。

　チラシを見た媒介業者Yは、A作成のチラシからフリーレント期間2か月を削除したチラシを作成し、賃借人Bに紹介して入居申込書を取得した。YはAとの契約交渉において、「賃借人はフリーレントを付けなくてもよいとしているから、フリーレント期間2か月分と礼金1か月分の合計3か月分の賃料を広告料名目で支払ってほしい」と申入れ、XがAに広告料として賃料3か月分を支払い、その後、AからYに同額を支払うという条件を示した。Xは、Yからの条件を拒めば成約に至らないと考えこれを承諾し、YとAは、賃料3か月分の広告費の支払いの覚書を取り交わした。Xは、平成24年11月、AとYの立会いのもと、Bとの間で賃貸借契約を締結し、Aに対し、賃料1か月相当額87万円余の報酬とともに、広告料として242万円余を支払った。同月30日、AはYに対し、広告料名目で242万円余を支払い、Yはこれを受領のうえ、広告料名目での同額の領収書をAに発行した。

　以上のような経緯のもと、Xが、Yに対し、Aに広告を依頼した事実もYに対し特段の広告を依頼した事実もなく、Yに対する報酬は宅建業法に反する報酬契

約に基づいて支払われたものであり、Yの利得には法律上の原因がないなどとして不当利得の返還を、またはYの不法行為によって広告料相当額の損害を被ったとして損害賠償を請求したのが本事案である。

●相手方（Y）の言い分●

これに対しYは、Aから受領した対価に相当する広告業務を行っており、Yに不当な利得はなく、またXはAに広告を依頼し賃貸借契約に至っているのだから、何らXに損失はないなどと主張している。

●裁判所の判断●

裁判所は概ね次のように判断し、Xの請求を認容しました。
（広告費用請求の違法性について）

①　Yは、長期間賃借人が決まっていないことを知った上で、当初から、宅建業法の報酬規制に抵触しないよう、Aを介してXに賃料3か月分の金銭を支払わせる意図で賃借人Bにフリーレントなしで本件不動産を紹介したこと、Bが賃借を申し込むと、賃料3か月分の支払いが本件不動産の成約の条件であるかのようにAに話してXに対しこれを伝えさせたこと、Xがこれを受け入れると、Aとの間で覚書を作成し、Bにフリーレントがあったことを伝えないまま賃貸借契約を成約させ、当初意図したとおり、XからAを介して賃料3か月分を支払わせたことが認められる。これらのYの行為は、Xに対し本来支払う必要のない金員を請求し、負担させるものといえ、違法行為にあたる。

（故意・因果関係について）

②　Xには賃料3か月分の242万円余という損害が生じており、この損害とYの違法行為との間には因果関係が認められる。また、Yには、Xに賃料3か月分を負担させる意図があった以上、故意も認められる。

（本件の経緯について）

③　本件でXからYに支払われた金員は、宅建業者が宅地又は建物の売買等に関して一定の要件のもとに受けることができるとされる「広告の料金に相当する額」とは関係がなく、むしろ、賃借人を紹介し成約させたことの対価であると認められる。また、YとAとの間の覚書や領収書は、YがXから直接金銭を受け取ると、宅建業法上の報酬規制に抵触するおそれがあることから、YとXとの間にAを介在させる意図で作成されたものと認められるから、YとAとの間の広告料の支払合意を裏付けるものとはいえない。

（結論）

④　よって、XのYに対する不法行為に基づく損害賠償請求は理由がある。

○本事例を検討する際の留意点

上記裁判例からすれば、本事例においては、賃貸人が媒介業者に特別の広告を依頼した事実があるか、支払われた金員が契約の成立に至る報酬に含まれないことが明らかであるような特段の事情があるかなどを、事実関係を踏まえて確認のうえ、対応を検討することが大切です。

○本事例及び上記判決から学ぶこと

　宅建業者の中には、賃貸人に対し、媒介報酬以外に、広告費名目の金銭やバックマージンを要求する者がいると言われますが、賃貸人から特段の広告依頼がなされた場合以外で、媒介業者が広告費名目で金銭を受領することは宅建業法違反とされます。

　宅建業者・宅建士は、宅建業法及び報酬基準（昭和45年建設省告示第1552号）を遵守し、賃貸人からの特段の依頼がない限り、報酬のほかに広告料等を請求してはならないことを改めて確認しておくことが大切です。

Q05 豪雨による浸水被害の説明がなかった場合に損害賠償を求めることは可能か。

> 私はマンションの地下に設置されていた駐車場及び倉庫を借りていましたが、豪雨により駐車していた外国製自動車等が浸水被害を受けました。契約の際、賃貸人より浸水履歴の説明等がなかったので、賃貸人に対し損害賠償を請求したい。　　　　　　　　　　　　　　　　　　　　　　（賃借人／法人）

▎関連裁判例の紹介 ▷▷▷

　本事例を検討するに当たっては、令和2年3月26日東京地裁判決が参考となります。

【上記判決の概要】
●事案の概要●
（X：賃借人　Y：賃貸人）

　平成30年7月31日、賃借人X（法人）は、賃貸人Y（個人）との間で、Y所有の地下駐車場（本件駐車場）の1区画及び附属倉庫につき月額賃料3万7,800円、契約期間1年とする賃貸借契約を締結した。

　本件駐車場には、駐車スペースと公道に通じるスロープとの境に電動式シャッターが設置され、同シャッターの外側及び駐車スペースの各駐車区画と通路部分の境にそれぞれ排水溝が設置されている。各排水溝には、電動式排水ポンプが設置され、駐車スロープと公道の境には、手動で設置することのできる止水板も常備されていた。

　平成30年8月27日、本件駐車場の所在するA地区において、過去44年間の中で最大量である局地的豪雨が発生し、これにより、本件駐車場内に雨水が侵入して、駐車していた車両等が水没する事故（本件事故）が発生した。

　そこでXが、Yに対し、賃貸借契約の締結時において過去2度の浸水事故があったことの説明を怠った信義則上の説明（情報提供）義務違反、駐車している車両が浸水被害に遭わないような予防策を講ずるべき義務違反などを主張し、駐車していた車両及び倉庫に保管していた商品の時価相当額等の損害賠償を請求したのが本事案である。

●相手方（Y）の言い分●

　これに対しYは、本件駐車場において、本件事故と同様の浸水被害が起きたことはないなどと主張している。

●裁判所の判断●

裁判所は概ね次のように判断し、Xの請求を棄却しました。

（契約時における信義則上の説明義務違反について）

① 　Xは、本件駐車場の過去2度の浸水事故について、本件契約締結時に説明（情報提供）すべき信義則上の義務を怠ったと主張するが、浸水事故が2回あったことを示す証拠は本件駐車場の他の利用者からの供述のほかにはなく、平成25年7月の浸水事故の際の浸水の程度も15センチメートル程度であったに過ぎないものと認められる。Yは、平成25年7月の浸水事故後に、排水ポンプの増強や止水板の備え付けをしたことから、本件駐車場には少なくとも平成25年7月の豪雨と同程度の降雨には十分に対応できる設備上の措置が講じられていたものと認められる。よって、過去にあった浸水事故については、本件駐車場の利用を申し込む者にあらかじめ提供しておくべき重要な情報であるとまではいえない。

　また、Xが本件駐車場を借りるにあたり、特に浸水事故の有無を重視することも表明されていない。したがって、過去の浸水事故の事実を説明しなかったことを説明義務違反とする不法行為に基づくXの請求には理由がない。

（浸水事故の防止措置義務違反について）

② 　Xは、本件事故当日、午後3時過ぎには大雨注意報が発表されており、Yは賃貸人として、本件豪雨及び本件事故の発生を予見することができ、あらかじめ止水板を設置するなどの事故防止措置をとることができたのに、これを行わなかった債務不履行がある旨主張する。しかし、本件豪雨は、本件事故当日午後8時から1時間の降雨量がA地区内の過去44年間における同数値の中でも最大のもので、同時間帯における10分間最大雨量を記録しており、大雨警報及び洪水警報が発表されるより前の時点で相当な降雨となったことが認められる。

　本件豪雨は、極めて短時間に過去に例のない降雨であったことから、このような稀有な豪雨の発生について、Yが具体的に予見することができたとは認められない。

　また、本件事故当日、午後3時14分には大雨注意報が、午後7時27分には洪水注意報が発表されているものの、各注意報が発表された後、現に警報が発表されるほどの降雨が発生する確率は明らかではないことからすると、各注意報の発表によって、浸水事故に至る程度の豪雨の発生について、Yが具体的に予見することができたとも認められない。

　以上によれば、Yが本件豪雨の発生を予見し、止水板を設置しなかったことが、浸水事故の防止措置義務違反の債務不履行となるものではなく、債務不履行に基づくXの請求には理由がない。

○本事例を検討する際の留意点

　上記判決からすれば、本事例においては、過去に浸水の事実があったか、その際の降雨量と同程度の降雨に対し浸水を防止するような措置が講じられていたか、賃借人から契約時に特に説明を求めたか、今回の豪雨が客観的に予見が可能であったかなどを、事実関係を踏まえて確認のうえ、対応を検討することが大切です。

○本事例及び上記判決から学ぶこと

　宅建業者・宅建士は、過去に浸水事故があった物件については、実際の被害の状況や浸水を防止する措置が講じられたかを踏まえ、説明の必要性を検討することが大切です。

　また、管理業者は、近年気候変動により観測史上初となるような豪雨による様々な浸水被害が発生しているため、賃借人・入居者に対し、ハザードマップなどを入手し配布したり、万が一の損害補填のため保険への加入などを助言したりすることも大切でしょう。

Q⁰⁶ 管理規約による看板の設置制限を説明しなかった賃借店舗の賃貸人及び媒介業者に損害賠償を求めたい。

　区分所有建物内の店舗用の専有部分を賃借した者ですが、設置した看板テントが管理規約に違反するとして管理組合から撤去を求められたため、店舗の集客が図れず営業を断念することとなりました。賃貸人と媒介業者は看板設置に管理規約による制限があることを知っていたのに事前に説明してくれなかったのだから、賃貸人らに対し損害賠償の請求をしたい。　　　　（賃借人／法人）

■ 関連裁判例の紹介 ▷▷▷▷▷▷▷▷

　本事例を検討するに当たっては、平成29年6月22日東京地裁判決が参考になります。

【上記判決の概要】
●事案の概要●
（X：賃借人　Y1：賃貸人（区分所有者）　Y2：媒介業者）

　賃借人Xは、賃貸人Y1の所有する本件貸室を媒介業者Y2を通じて賃借し、販売業の店舗を開設することとした。店舗の入口上部にはビニール製雨避け（テント）が設置されていた。

　Xは店舗開店にあたり看板を出したい旨Y2に伝えたが、デザインや場所が決まっていなかったため、「テントへの広告設置」という具体的な要望は伝えていなかった。

　Y2は、賃貸借契約書、重要事項説明書等の必要書類をXに送付し、Xは書類に記入し押印のうえ返送した。賃貸借契約書には、特約事項として共用部分の使用は管理規約及び使用細則に準ずることが記載されていたが、Y2が送付した書類には管理規約等は含まれていなかった。

　その後、Xは、テントの上に着脱が可能である店名の入ったカバー（看板テント）を取り付けることについて管理組合に許可を求めたが、管理規約で外観の変更が禁じられていたことから、広告設置は許可されなかった。

　しかし、Xは看板テントを設置して店舗を開店し、これを知った区分所有建物の管理会社はXに看板テントを撤去するよう求めたが、Xはこれを拒否した。

　その後、Y2は店舗入口のガラス扉に店舗名を貼り付けるなどの代替広告案を提示し、Xも看板テントの撤去に応じたが、夜間にシャッターを下ろせなくなったことなどに防犯上の不安を覚え、店舗を閉店することとした。

　以上のような経緯のもと、Xが、看板テントを設置できなかったのは、Y1が

管理規約等の調査説明義務を怠ったこと、Ｙ２が宅建業者として契約の締結の判断に重要な影響を与える事実を伝える義務を怠ったことによるものとして、両者に対し損害賠償を請求したのが本事案である。

●相手方（Ｙら）の言い分●

これに対しＹらは、共用部分の広告の制約については、Ｘから特に照会を受けるなどの事情がない限り、Ｘに説明する義務は発生しないと主張している。

●裁判所の判断●

裁判所は概ね次のように判断し、Ｘの請求を棄却しました。

（本件の経緯）

① 本件では次の事実が認められる。

ア Ｘは、建物見分の際に店舗に看板を設置したい旨をＹ２に伝えたが、テントに広告を掲示することまでは伝えてはいなかったこと

イ Ｘは、テントが建物の共用部分に該当し、共用部分の使用方法に制約があることを認識していたこと

ウ 契約書の特約事項には、共用部分の使用は管理規約及び使用細則に準ずると記載され、管理規約等には共用部分への広告看板等の取付けを禁止する旨定められていたこと

エ Ｘは、テントへの広告設置が管理組合に許可されなかったことを知りながら、広告を掲示したこと

（Ｙ２の宅建業法違反について）

② Ｙ２に対しては、Ｘに特約事項等を説明しておらず、契約書等をＸに郵送し、Ｘが署名押印して返送する形で契約が締結されていることから、宅建業法に定める業務を行っていない旨指摘することができる。

（民事上の責任としての説明義務違反について）

③ しかし、説明義務違反は、個別の契約当事者の理解の程度と契約に至る過程において示された要望の内容等に応じて発生する具体的な義務違反であるところ、上記①ア及びイの事実からすれば、Ｙ２が宅建業者として契約を締結する際の判断に重要な影響を与える事実を調査・説明する義務の具体的内容として、テントに広告を掲示することができない旨が含まれていたとまでいうことはできない。

④ Ｙ２は、上記②のとおり宅建業法における義務を履行していないものと認められるし、それが同法上是認されるわけではないが、この点から直ちに民法上の債務不履行責任又は不法行為責任が発生するということはできない。

⑤ Ｙ１についても、代理人であるＹ２に債務不履行等の義務違反が認められないほか、上記①ア及びイの事情を考慮すると、Ｙ１に固有の義務違反があった

とも認められない。

（結論）

⑥　よって、Ｙらの義務違反行為に基づくＸの請求には理由がない。

○本事例を検討する際の留意点

　上記判決からすれば、本事例においては、本物件を賃借するに当たり、共用部分に看板テントを設置することを媒介業者に明示していたか、その事実が契約の締結を判断するに当たって重要な要素といえるか、賃借人が管理規約等による共用部分の使用の制限方法等について知っていたかなどについて、事実関係を踏まえて確認のうえ、対応を検討することが大切です。

○本事例及び上記判決から学ぶこと

　事業用店舗の広告看板の設置については、裁判例も多く見受けられ、トラブルの発生も多いものと考えられます。

　宅建業者・宅建士は、事業用店舗の媒介等を行う場合には、依頼人の要望等を踏まえ、賃貸借契約上の広告の制限や設置場所の有無だけでなく、上記判決の事案のような区分所有建物における管理規約等による規制等についても事前に把握し、必要に応じて依頼者に説明することが大切です。

　また、書面等を送付するだけで、重要事項説明を行わないことは、宅建業法に違反します（上記判決は、当事者間の債務不履行責任や不法行為責任は否定したものの、宅建業法違反であることは認めています）。媒介業者として、宅建業法を遵守し、必ず重要事項説明を行わなければなりません。

Q⁰⁷ 媒介業者の害虫防除工事等により健康被害を受けたので、損害賠償を請求したい。

　私は、媒介業者が入居前に行った害虫防除工事等により目や喉に痛みを感じる健康被害を受け、居住することができず、転居を余儀なくされました。契約時に支払った初期費用等及び仲介手数料を媒介業者に対し求めたい。

(賃借人／法人)

■ 関連裁判例の紹介 ▷▷▷▷▷▷

　本事例を検討するに当たっては、令和元年11月27日東京地裁判決が参考になります。

【上記判決の概要】
●事案の概要●
(X：賃借人　Y：媒介業者)

　平成30年8月16日、賃借人X（法人）は、社宅として社員及びその家族を入居させるため、宅建業者Yの媒介により、賃貸人との間で、本件建物につき、契約期間を同日から2年間、賃料月額19万円とする賃貸借契約（本件契約）を締結した。その際、XとYとの間で媒介契約も締結した。

　Yは、本件契約後、本件建物内の害虫防除工事及び光触媒コーティング工事（本件工事）を行ったうえ、本件建物をXに引渡した。

　しかしXは、その後間もなく、Yが本件工事を行い本件物件内のVOC（揮発性有機化合物）の値が非常に高くなったことから、X及び入居した家族らが目や喉の痛みを感じ、本件建物内に居住できなかったとして、本件建物を退去した。

　以上のような経緯のもと、Xが、Yに対し、本件工事によりXが退去せざるを得なくなったことは、Yの不法行為によるものであるなどとして、敷金、礼金、引っ越し費用等の損害賠償を請求したのが本事案である。

●相手方（Y）の言い分●

　これに対しYは、本件工事は通常の手順で適切に施工しており、Xの主張する身体的被害と本件工事との因果関係は明らかではないし、本件工事は、Xの依頼に基づくものであると主張している。

●裁判所の判断●

　裁判所は概ね次のように判断し、Xの請求を棄却しました。
(不法行為の有無について)
① 　Xは、本件工事により本件物件にVOCが発生し、Xや入居した家族に目や

喉の痛みなどの人体への悪影響が生じたため、本件物件内に居住することができず、他の物件への転居を余儀なくされたと主張し、証拠として、本件物件内に設置した空気清浄機がVOCを検知したことを示す写真及び急性咽喉頭炎の診断書を提出する。

　しかし、これらの証拠に示されたVOCの検知や身体的症状が、本件工事の際の殺虫溶剤等の使用に起因するものであることを裏付ける的確な証拠とは言えず、本件工事と身体的症状との間に因果関係があることを前提とする主張は、その前提を欠くものであり採用することはできない。

② 　また、Xは、本件工事はYがXの承諾なく行ったと主張するが、Xは、Yからメールで送信された入居計算明細書により、本件物件の入居にあたり必要となる費用として、仲介手数料等のほか害虫防除及び光触媒コーティングを作業内容とする本件工事費用が含まれていることを知ったものと認められる。さらに、本件物件に入居するAは、Xの代理人として重要事項説明を受けて当該書面に署名・押印をする権限を付与された上で、Yからのメールと同内容の説明を受け、重要事項説明書及び入居計算明細書の内容を確認し、その内容について特段異議を述べることなく、これらに署名又は押印したことが認められる。したがって、本件工事がXの承諾なく行われたとするXの主張は採用することができない。

（結論）

③ 　以上によれば、XのYに対する本件請求は、その余の点について判断するまでもなく、いずれも理由がない。

○本事例を検討する際の留意点

　上記判決からすれば、本事案においては、健康被害が害虫防除工事等によって発生したと言えるか、相談者がその点を証明することができるかなどについて、事実関係を踏まえて確認し、対応を検討することが大切です。

　なお、上記判決の事案では、VOC（揮発性有機化合物）の存在と診断書だけでは証明は不十分であるとされました。VOCの値の調査や、実際の病状がVOCを原因とするものと推認できるような検査等を医師に依頼できるかなども確認することが必要でしょう。

○本事例及び上記判決から学ぶこと

　入居した部屋で健康被害があった場合、上記判決の事案のように、賃借人側が健康被害との因果関係があることを立証して損害賠償の請求が認められるためのハードルは高いものと思われます。

　宅建業者・宅建士は、契約後に本件のような紛争が生じないよう、賃借人に対

し、入居前に入居者全員で物件の内覧を行うよう助言したり、賃借人からアレルギー等の懸念が示された場合は、入居前に行われる消毒等についてもしっかりと情報提供をすることが大切でしょう。

　また、管理業者は、賃借人から健康被害が訴えられたときは、原因の究明に可能な範囲で協力するとともに、一方的な主張に対してはその根拠の呈示を求めることなども必要と考えられます。

Q⁰⁸ 外国人賃借人に差別的発言等をした賃貸人・媒介業者に損害賠償を求めたい。

　私（賃借人）は、賃貸借契約が成立しているにもかかわらず、賃貸建物の賃貸人及び媒介業者から、私が外国人であることを理由に契約解除をされました。合理的な理由なしに契約を解除され、不当な差別を受けたので、賃貸人及び媒介業者に損害賠償の請求をしたい。　　　　　　　（賃借人／法人）

▌関連裁判例の紹介 ▶▶▶▶▶▶▶

　本事案を検討するに当たっては、令和元年10月9日東京地裁判決が参考になります。

【上記判決の概要】
●事案の概要●
（X：賃借人　Y1：賃貸人　Y2：媒介業者）

　賃借人X（学校法人）は、専門学校の事務所として利用するため、賃貸人Y1の所有する本件建物について、媒介業者Y2（宅建業者）に賃貸借契約の申込みを行った。

　Xは、契約締結日を翌月末日とし、敷金及び管理費の支払いに合意し、契約書の賃借人欄に記名・押印し、Y2に送付するとともに、敷金及び管理費を銀行口座に振り込んだ。

　その後、建物内見時に、Y2がXの従業員に、代表者はA国人であるか尋ねたところ、B国人であるとの回答があり代表者はA国人であるというXの事前説明と異なるものであった。また、Y2は、Xが名刺を持たず、建物の合鍵が100本程度必要であると話すのを聞いたが、これも入居予定者は15名程度という事前の説明と異なるものであった。

　Y2は、Xの従業員の対応及び説明によりXへの不信感を募らせ、Y1のためには賃貸借契約の媒介をすべきではないと判断して、X側の媒介業者に、Xの代表者の出身地域についての報告は誤っており、いい加減である旨電話で説明し、物件を賃貸しない旨を告げた。

　これに対しXは、賃貸借契約が成立しているにも関わらず、Xの代表者がB国人であることのみを理由に契約解除することは差別に当たるとして、Y2に理由を回答するよう求めたところ、Y2は、「Xの従業員の職務範囲が不明で不信感を持った。従業員の合鍵100本が必要との発言で建物利用に将来的なトラブルの可能性を感じた。Y2は過去の取引でB国人と紛争となり対処に非常な苦労をしたことから、B国人には物件を紹介しないこととしていた。」との内容の回答書

をXに送付した。

そこでXが、Y1及びY2が合理的な理由なく契約を解除したことは債務不履行又は不法行為に当たるとして250万円（Xの損害額の一部）の損害賠償を、また、Xの代表者がB国人であることを理由として不当な差別を受けたことは不法行為に当たるとして250万円（慰謝料200万円、弁護士費用50万円）の損害賠償を、Yらに求めたのが本事案である。

● 相手方（Y2）の言い分 ●

これに対しY2は、Xの従業員の職務範囲や合鍵の発言に不信感を持ち、将来的なトラブルの可能性から契約を取りやめたものであり、Xの代表者がB国人であったことで契約を取りやめたわけではないと主張している。

● 裁判所の判断 ●

裁判所は概ね次のように判断し、Xの請求を一部認容しました。

（契約の成立について）

① Y1は、Xが賃借人欄又は連帯保証人欄に署名又は記名・押印した契約書を受領しておらず、その賃貸人欄にも署名又は記名・押印をしていないことが認められる。また、Y1がXに対し確定的に賃貸借契約の締結を承諾する旨の意思表示をしたことを示す事情も何ら認められない。また、Y2はY1の委託を受けた媒介業者であり、代理人ではないから、Y2の行動をY1による賃貸借契約の承諾とみることはできない。よって、XとY1の間で、賃貸借契約が成立したとは認められない。

（Y2の発言について）

② Y2は、B国人に物件を仲介しないこととしている理由をXに再三にわたり説明しているが、これはXの差別であるとの発言に対して、発言の趣旨が差別ではないことを弁明するためであったと認められる。

Xの出身地が契約の媒介をしない中核的な理由であったとはいえないが、回答書の記載内容は、客観的に見れば、Y2がXの代表者の出身地域を理由に差別的な扱いをする趣旨のものと捉えられてもやむを得ないものであって、Xの代表者に対する配慮を著しく欠き、社会通念上、Xの人格権を侵害するものというべきである。

（Y1の不法行為について）

③ なお、Y2が賃貸借契約の媒介をしないこととし、Xの申込みを承諾しないようY1に進言したことは何ら違法なものではないから、Y1がこれを聞き入れて契約を締結しなかったことは、Xに対する不法行為とはならないというべきである。

（結論）

④　よって、Ｙ２のＸの代表者に対する不法行為の内容を総合的に勘案すると、慰謝料10万円、弁護士費用1万円の範囲で認めるのが相当である。

○本事案を検討する際の留意点
　上記判決からすれば、本事例においては、賃貸借契約の解除に伴う損害賠償に関しては、当該解除が賃借人の国籍を中核的な理由とするものであったのかなどについて、事実関係を踏まえて確認のうえ、対応を検討することが大切です。他に解除事由があると認められる場合には、上記理由による損害賠償の請求は困難であることに注意が必要です。
　次に、人格権の侵害に伴う損害賠償の請求に関しては、上記判決の事案のように、媒介業者等の発言等の内容に外国人差別に該当するものが含まれているようなときは認められる可能性がありますので、実際の契約手続き等の際の言動、それが差別に該当するかなどについて、事実関係を踏まえて確認のうえ、対応を検討することが大切です。

○本事例及び上記判決から学ぶこと
　上記判決の事案のように、媒介業者の「Ｂ国人には仲介しない」との発言が、それが媒介をしない中核的理由であったとはいえないケースであったとしても、発言そのものにつき、客観的に差別的なものと捉えられてもやむを得ないとして、人格権の侵害と認められることがあります。
　宅建業者・宅建士は、人権に対する適切な配慮が求められることから、例えば外国人と取引を行うケースでは、相手方の人格権を侵害するような差別的な言動をしてはならないことを常に心がけて業務を行うことが大切です。

Q09 借室の目的使用ができなかったので賃貸人・媒介業者に損害賠償を求めたい。

私（賃借人）は、「貸事務所、スタジオに最適」という広告をみて、ダンススクール開業のため区分所有建物の一室を賃借しましたが、契約後に管理組合からスタジオの使用を認めないとの通知を受けたため、契約を解除することとなりました。賃貸人と媒介業者は、管理組合がダンススクールとしての使用を認めないことは知っていたはずなので、私の被った損害について損害賠償の請求をしたい。　　　　　　　　　　　　　　　　　　　　　（賃借人／法人）

■関連裁判例の紹介

本事例を検討するに当たっては、平成30年12月14日東京地裁判決が参考となります。

【上記判決の概要】
●事案の概要●
（X：賃借人　Y1：媒介業者　Y2：賃貸人　A：賃借人から委託を受けて本物件内で事業を行う者）

賃借人Xは、ダンススクールを開業するため、X名義で建物を賃借し、スクール業務をAに委託することを計画した。

Aは、物件サイトにて「貸事務所、現況：防音室あり、スタジオに最適！」との広告をみて、媒介業者Y1（宅建業者）に連絡し、本件貸室を内覧した。Aは、物件を芸能事務所として使用すると告げ、本件貸室の一部に設置された防音室の仕切りの撤去が可能か尋ねたところ、Y1は、仕切りを撤去してスケルトンの状態で貸すと回答した。

Aから内覧の話を聞いたXは、X名義で本件貸室を賃借し、Aが建物を使用することとして、Y2との間で賃貸借契約（本件契約）を締結した。

賃貸借契約書の特記事項には、建物の使用目的が芸能事務所である旨が明記され、契約の期間内解約については、3ヶ月前の書面申込み又は3ヶ月分の賃料相当額支払いによる即時解約が定められていた。

また、Y1及びY2は、契約締結日に建物の自治会（注　本事案では、区分所有法3条に基づく団体（通常は「管理組合」と称される）が、「自治会」という名称となっている）宛に入居者名簿を提出し、名簿の業種を「芸能事務所」として届けた。

その後、AがY1に工事申請書とダンススクールスタジオへの内装工事の図面を提示したところ、Y1は「ダンススクールスタジオとして使用する話は聞いて

いない、使用するのであれば防音防振工事及び自治会への変更申請が必要である」と回答した。そこでAは、自治会宛にダンススクールスタジオとして使用する旨の申請書を提出したが、自治会は当該使用を認めない旨Aに通知した。

　そこでAは、Y1に本件契約を解除する旨の解約通知書を送付し、その後は賃料を支払うことはなかった。

　以上のような経緯のもと、Xが、Yらに対し、ダンススクールスタジオとして自治会の承認が得られないことを知り又は知り得べきだったのに、承認が得られるとの虚偽の説明により無用の賃貸借契約をさせられ損害を被ったと主張して、不法行為に基づき支払い済みの賃料、逸失利益等の損害賠償を請求したのが本事案である。

●相手方（Yら）の言い分●

　これに対しYらは、XからもAからもダンススクールスタジオとして使用するとは聞いていなかったし、虚偽の説明をした事実はないと主張している。

●裁判所の判断●

　裁判所は概ね次のように判断し、Xの請求を棄却しました。

① 　Xは、Yらが、Aから本件貸室をダンススクールスタジオとして使用することを告げられており、ダンススクールスタジオでは自治会の承認が得られないということを知り又は知り得べきだったのに、虚偽の説明をして、Y1が賃貸契約を仲介し、Y2が契約を締結したと主張し、Aもこれに沿った陳述書の提出及び供述をしている。

② 　しかし、Aが本件貸室をダンススクールスタジオとして使用することをYらに事前に告げていたことを認めるに足る的確な証拠はない。また、内覧の際に、AからY1に対して本件貸室を芸能事務所として使用する旨告げていたこと、入居申込書、保証委託申込書等においても「芸能事務所としての使用」と記載されていること、賃貸借契約書の特記事項でも本件貸室の使用目的が芸能事務所である旨明記されていること、自治会理事長宛に提出した入居者名簿において、業種を「芸能事務所」として届け出ていること等に照らすと、Aの陳述書及び供述は信用することができない。

③ 　以上によれば、Yらの不法行為に基づくXの請求には理由がない。

○本事例を検討する際の留意点

　上記判決からすれば、本事例においては、賃借人が、契約時に、使用目的を具体的かつ明確に賃貸人や媒介業者に告げていたか、契約時の一連の手続きにおける各書面の記載等から、「ダンススクール」として利用することが明確になっていたことが証明できるかなどについて、事実関係を踏まえて確認のうえ、対応を

検討することが大切です。

○本事例及び上記判決から学ぶこと

　上記判決の事案では、賃借人側としては、広告でみた「スタジオに最適」の「スタジオ」にはダンススクールスタジオも当然含まれるものと捉え、一方、賃貸人側としては、「スタジオ」を現状どおりの事務所の一部に併設された音楽スタジオとして捉えていたとも考えられ、当初から双方の認識に相違があった可能性があるところです。

　宅建業者・宅建士は、賃借人の物件使用目的について、具体的な使用目的・方法だけでなく、将来的な変更の可能性も含め確認し、必要であれば変更手続きなどのアドバイスを行うことが考えられます。

　また、本事例や上記判決の事案のように、区分所有建物を賃貸する場合には、管理規約等によって、利用の目的や態様に制限がなされている可能性があります。宅建業者・宅建士は、最新の管理規約等を入手し、賃借人から明示された具体的な賃貸借の目的（当該物件で行おうとしている事業内容）に支障がないかを確認することも大切です。

Q⑩ 売主・媒介業者が自動火災報知設備の設置義務・説明義務に違反したので、損害賠償を求めたい。

> 当社は、福祉施設の開設目的で共同住宅の1室を賃借しました。契約後、消防法上必要となる自動火災報知設備の設置を賃貸人に求めましたが拒否されたため、契約を解除し、賃貸人及びその代理人の媒介業者に損害賠償を求めたい。 　　　　　　　　　　　　　　　　　　　　　　　　　　（賃借人／法人）

■関連裁判例の紹介 ▶▶▶▶▶

　本事例を検討するに当たっては、令和元年7月4日東京地裁判決が参考となります。

【上記判決の概要】
●事案の概要●
（X：賃借人、Y1：賃貸人　Y2：媒介業者）

　賃借人Xは、平成28年6月、障害福祉サービス事業兼事務所として、Y1が所有する共同住宅（本件建物）の1室（本件貸室）を月額賃料17万円余で借り受ける賃貸借契約（本件契約）を締結した。なお、本件契約に当たっては、Y1の管理会社である宅建業者Y2がY1の代理人として契約手続を行った。

　本件契約後、Xが消防署に防火対象物使用開始届出書を提出したところ、本件建物は共同住宅特例に基づいて「開放廊下型共同住宅」として一部の消防用設備等の設置が免除されたものであり、Xの入居により本件建物の用途が共同住宅から複合用途対象物に変更されて前記特例が適用されなくなるため、建物全体に自動火災報知設備を設置しなければ障害者サービス事業兼事務所としての利用は許されないと指摘された。

　そのためXは、Y1に自動火災報知設備の設置を求めたが、Y1は、500万円前後の費用がかかるとしてこれに応じなかったことから、Xは、本件契約を解除し、平成29年3月、本件貸室を退去した。

　以上のような経緯のもと、Xが、「Y1は本件契約上、使用収益させる義務の内容として本件建物全体に自動火災報知設備を設置する義務を負っていた。Y2は本件契約の締結に際し、消防法の規制について調査・確認し、その結果を説明する義務を負っていた。ところが両者はこれらの義務の履行を怠った。」として、Yらに対して損害賠償を請求したのが本事案である。

●相手方（Yら）の言い分●

　これに対しＹ１は、本件貸室を使用収益させる義務を負っていても、Ｘの事業施設の運営に必要な許認可を得させる義務までは負っていないと主張し、Ｙ２は、宅建業者に消防法違反の有無などを調査・確認すべき義務はないと主張している。

●裁判所の判断●

　裁判所は概ね次のように判断し、Ｘの請求を棄却しました。

（Ｙ１の債務不履行責任について）

①　本件貸室を居住目的以外に用いる場合には、消防法等に基づき本件建物全体に自動火災報知設備を設置する必要があり、同設置を行わない限り、本件契約で定められた障害福祉サービス事業の目的での本件貸室の使用はできないことが認められる。しかし、賃貸人が賃借人に対して当該設備の設置義務を負うかについては、本件契約の具体的な交渉経過や契約内容、設備設置費用等の諸事情を総合的に考慮して、これが本件契約の合意内容となっていたかという観点から検討すべきである。

②　Ｘ自身、本件契約以前から、障害福祉サービス事業等を営むためには消防法等を含めた種々の法規制があることを認識していたが、本件契約の交渉過程においては、これらの規制や設備等についてＹらと協議したり、同目的での利用可能性を検討した形跡はなく、結果的に本件契約の契約書等にもこれらの規制や設備等に関する特段の記載はなかったことが認められる。

③　また、本件建物全体に自動火災報知設備を設置するための費用は約500万円であり、月額賃料17万円余との比較においても相当高額であることが認められる。

④　加えて、消防法等の関係法令において、消防用設備等の設置、維持の義務を負うとされる「関係者」は、「防火対象物の所有者、管理者又は占有者」であり、法令の規定上、必ずしもＹ１のみが前記設置の義務を負っているものとは解されない（消防法2条4項、17条1項、消防法施行令7条、21条）。

⑤　よって、Ｙ１がＸのために前記設備を設置することが本件契約の合意内容になっていたとは認められず、その設置義務違反があったとは認められない。

（Ｙ２の不法行為責任について）

⑥　Ｙ２は、賃貸人であるＹ１の代理という立場で本件契約に関与した宅建業者である以上、賃借人の使用目的を認識し、かつ、本件建物を当該目的で使用するにあたって法律上・事実上の障害があることを容易に知り得るときは、その旨説明する義務を負うものと解される。

⑦　Ｙ２は、一般論として、消防設備がない場合には、前記用途で本件貸室を使用することはできない旨認識していたものの、本件契約当時、本件建物が共同住宅特例により自動火災報知設備が免除された建物であるとまでは認識してお

らず、また、Ｘから消防法等の規制や消防設備等について言及されることはなく、本件貸室の設備や状況等を確認調査する契機となるような事情はなかったものと認められる。宅建業者であっても、あらゆる公法上の規制等を調査確認する義務があるとまではいえない以上、Ｙ２において、Ｘの目的である障害福祉サービス事業を営むに当たっての許認可の関係で、本件貸室に法律上の障害があることが容易に知り得るものであったとは認め難い。

⑧　よって、Ｙ２にはＸが主張するような消防法の規制等についての説明義務違反があったとは認められない。

（結論）

⑨　以上から、Ｙらの義務違反に基づくＸの請求はいずれも理由がない。

〇本事案を検討する際の留意点

　上記判決からすれば、本事例においては、賃借人が、賃借の目的を告げるとともに、当該目的で使用するに当たって特別に必要となる法定の設備等について、契約時に賃貸人や媒介業者が認識していたか、設備等の必要性等について確認を依頼していたかを、契約当時の手続き、契約書等の記載内容その他の事実関係を踏まえて確認のうえ、対応を検討することが大切です。

〇本事例及び上記判決から学ぶこと

　一般的に、媒介業者の業務の範囲は、不動産の取引に関するものであって、他の専門的な知識（建築・税務等）が必要とされるものについてまで、調査等をすべき義務はないとされています。しかし安全安心な賃貸物件の提供における宅建業者の役割の重要性からすれば、当事者に対し可能な範囲で一定の配慮をすることが期待されます。

　宅建業者・宅建士は、賃貸借の目的に照らし、建築や設備等に係る専門的な取扱いが必要となるケースでは、賃貸当事者に対し、その取扱いについて専門家に確認してもらい、その結果を踏まえて契約の可否や契約条件等につき検討してもらうよう助言することも考えられるでしょう。

契約締結前に大規模修繕工事があるとの説明がなかったので、損害賠償等を求めたい。

　賃借物件が所在する区分所有建物につき大規模修繕工事の予定があることを、賃貸借契約締結前には説明がなく、契約締結直後に知ったことから、賃借建物を退去しました。大規模修繕工事の予定の説明がなかったこと、賃貸借契約そのものが錯誤により無効であることを理由に、賃貸人に対し、家賃の返還や休業損害、慰謝料等の支払いを求めたい。　　　　　　　　　（賃借人／個人）

関連裁判例の紹介

　本事例を検討するに当たっては、平成31年2月6日東京地裁判決が参考となります。

【上記判決の概要】
●事案の概要●
（X：賃借人　Y：賃貸人）

　平成29年12月11日、賃借人Xは、賃貸人Yとの間でY所有マンションの一室（本件貸室）を、月額賃料21万4,000円で賃借する賃貸借契約（本件契約）を締結した。

　同月18日、Yからマンションの大規模修繕工事を受注した施工会社は、居住者に工期を平成30年1月11日から約2か月強とする同工事のお知らせを交付したところ、XはYに対し、工事に関し「粉塵等は健康上無理と思われる。この件について相談させてもらう。」としたメールを送信したため、同月25日、Yは一旦工事を中止し、その旨を居住者に通知した。

　平成30年2月、Yは、Xに対し、大規模修繕工事の必要性について理解、協力を求めるとともに、施工の日程が決まり次第再度連絡することを書面にて通知した。

　同年4月10日、Xは、本件貸室からすべての家財道具を搬出した。しかし、本件居室の鍵については6月22日までYに返還しなかった。

　同月27日、Xが、「Yには本件契約に際し大規模修繕工事について説明義務違反がある。本件契約は錯誤により無効である。」などとして、慰謝料100万円、居室内で予定していた社交英会話セミナーに関する休業損害・引越費用等115万円、支払った家賃等の返還76万円余を求めたが、Yは応じなかった。

　そこでYが、Xに対し、上記金員の支払いを求めて訴訟を提起したのが本事案である。

●相手方（Y）の言い分●

　これに対してYは、Xに対し、約定に基づく同年4月1日から6月22日までの建物明渡遅延損害金（116万円余）の支払いを求める反訴を提起している。

●裁判所の判断●

　裁判所は概ね次のように判断し、Xの請求を一部認容する一方、Xにも約定に基づく明渡遅延損害金の支払いを命じました。

（Xの請求について〜Yの不法行為責任の有無）

① 賃借予定者は、賃貸期間中に大規模修繕工事が行われることを知った場合、契約締結を断念したり、入居時期を調整するなどの意思決定を行うことがあり得ることから、同事実は、契約を締結しようとする者の意思決定に関わる重要な情報であり、賃貸人は、同工事が具体的に計画されている場合、賃借予定者にその旨を説明すべき信義則上の義務を負う。

　本事案において、Yは、Xに賃貸期間中に同工事の計画があることを説明すべき信義則上の義務を負っていたにもかかわらず、説明しなかったのであるから、Yは、信義則上の義務を怠ったものとして、不法行為責任を負う。

（Xの請求について〜賃貸借契約の錯誤無効等の成否）

② 大規模修繕工事は原則として専有部分には及ばず、居住の利便性に重大な影響を与えたり、賃借人に何らかの経済的負担を及ぼすものではないことから、通常の一般人の基準に照らせば、同工事の計画を知っていれば契約を締結しないことが通常であるとまではいえない。

　よって、同工事の有無に関する錯誤は、契約締結に際し、同工事とは両立し得ないような動機が表示されていない限り、民法95条の要素の錯誤には当たらず、本件契約が錯誤により無効であるとのXの主張は採用できない。※

（Yの反訴請求について〜明渡遅延損害金）

③ 本件契約は平成30年3月31日に終了したが、Xは同年6月22日にYに鍵を返還したことから、同日に本件貸室を明け渡したものと認められる。本件契約では、明渡遅延の場合、賃料倍額の損害金を支払う旨の条項があり、Xが明渡しを猶予したとみられる4月中は損害金は発生しないと解されるが、Xは、5月1日から6月22日までは、賃料倍額の損害金を支払う義務を負う。

（結論）

④ Yの説明義務違反により、Xは、大規模修繕工事の計画を認識した上で本件契約を締結するか否かの意思決定をする機会を奪われ、また、静かな環境への期待を裏切られたことにより、精神的苦痛を被ったと認められるが、一切の事情を考慮すれば、慰謝料30万円の限度でXの請求には理由がある。

　一方、Xにおいては、鍵を返還し明渡が完了するまでの間の賃料の倍額相当額の明渡遅延損害金を違約金として支払う必要があり、その限度でYの反訴請

求には理由がある。

○本事例を検討する際の留意点

　上記判決からすれば、本事例においては、大規模修繕工事が実施予定であることが賃貸借契約を締結するに当たって極めて重要な要素であるといった特段の事情があるかなどについて、事実関係を踏まえて確認のうえ、対応を検討することが大切です。

　なお、上記特段の事情がないときは、このような賃貸借契約が無効であるとの主張が困難となり、この場合の契約終了時の取扱いは、賃貸借契約の定めに基づくことになります。したがって、契約を終了したとしても、明渡が遅れるようなときには、上記判決の事案のように、相談者にも明渡遅延損害金の負担が生じる可能性があることにも注意が必要です。

○本事例及び上記判決から学ぶこと

　上記判決のような問題は、賃借人の入居後すぐに大規模修繕工事が実施されることの説明をしなかったときにも生じます。

　宅建業者・宅建士は、区分所有建物の賃貸に際しては、管理規約等の確認と併せ、管理組合やマンション管理業者に対し、マンションの長期修繕計画等を確認しておくことが大切でしょう。

　また、管理業者は、本事例や上記判決の事案のような場合には、直ちに契約の終了等を検討するのではなく、大規模修繕工事の内容等を説明し、工事期間の利用の在り方や賃料等の取扱いについて当事者間の交渉を進めていくことも考えられるでしょう。

　※なお、令和2年4月1日施行の民法改正により、錯誤の効果は「無効」ではなく「取消し」となったことにも注意して下さい。

Q12 賃貸借契約に違約金条項を入れなかった媒介業者に損害賠償請求をしたい。

私（賃貸人）が依頼をした賃貸マンションの媒介業者が賃貸借契約書の中に違約金条項を入れなかったため、裁判で賃借人に和解金を支払うことになりました。媒介業者に損害賠償を求めたい。 （賃貸人／個人）

■関連裁判例の紹介 ▸▸▸▸▸▸▸▸

本事例を検討するに当たっては、平成30年10月30日東京地裁判決が参考となります。

【上記判決の概要】

●事案の概要●

（X：賃貸人　Y：媒介業者　A：賃借人）

マンションの一室を所有している賃貸人Xは、媒介業者Yを通して、Aに賃貸する旨の従前の賃貸借契約の更新を合意した。Yが用意した更新契約書（本件契約書）には、賃借人が違法行為をしたときは、Xに賃料6か月分の違約金を支払う旨の条項はなかった。

9年後、Aは、Xに賃貸借契約の終了による敷金返還請求権に基づき118万円余及び不当利得返還請求権に基づき32万円余等の支払いを求める訴訟を提起した。訴訟提起後に、XはAと和解し、Aに和解金85万円を支払った。

その後、Xは、次のとおり主張し、Yに85万円の損害賠償を請求したのが本事案である。

ア　Aは、同居人の元代表者が法令違反容疑で逮捕され、また、Xの承諾なく室内を大規模に改造したにもかかわらず、XがAに対し和解金85万円を支払わざるを得なくなったのは、契約書に違法行為禁止及び違約金条項がなかったためである。

イ　賃貸借契約において賃借人の違法行為禁止及び違約金条項を契約書に盛り込むことは、不動産業界において通例、不文律である。Xは28年間Yと専任媒介契約を結んでいたため、Yを信頼し、他の媒介業者が用いる契約書の条項を見る機会もなかったのであるから、媒介契約に基づき契約書に違法行為禁止及び違約金条項を入れる義務を負っていた。しかし、Yは、当該条項を入れないまま更新契約を仲介したのであり、債務不履行による損害賠償責任を負う。

●相手方（Y）の言い分●

　これに対しYは、本件契約書は業界団体の事業用賃貸借契約書のひな型を参考に作成したものであり、不動産業界で一般に使用されているものと同じである旨、及び本件条項のような違約金条項を入れることが不動産業界の通例・不文律ではないと主張している。

●裁判所の判断●
　裁判所は概ね次のように判断し、Xの請求を棄却しました。
（違約金条項の不存在とXの抗弁の可否について）
① 　Xは、Aとの敷金返還請求等訴訟において、Aの債務不履行により損害を被ったこと及びその損害額を抗弁として主張立証できたのであり、本件契約書に違約金条項がないからといって、このような抗弁の主張立証ができなくなるわけではない。
② 　違約金条項は、損害賠償の額の予定であると解され（民法420条）、契約書に当該条項があれば、Xは損害及びその額を主張立証しなくても賃料6か月分に相当する損害賠償を主張立証することができたと言えるが、この場合においても、Xは、Aの債務不履行を主張立証しなければならないことに変わりはない。結局のところ、契約書に違約金条項がなかったからXが損害賠償の抗弁ができずに和解に応じざるを得なかったということはできないから、Xの主張は理由がない。
（違法行為禁止について）
③ 　なお、Xは、Yの債務不履行として、本件契約書に違法行為禁止条項がないことも主張するが、本件契約書には賃借人の違法行為禁止条項が含まれていたと認められ、この点のXの主張も理由がない。

○本事例を検討する際の留意点
　上記判決からすれば、本事例においては、違約金条項がないことによって損害賠償等の請求ができずに賃借人が相当の和解金額を支払わざるを得なかったと言えるのか、違約金請求の前提となる賃借人の債務不履行の主張立証が可能なのかなどについて、事実関係を踏まえて確認のうえ、対応を検討することが大切です。

○本事例及び上記判決から学ぶこと
　上記判決の事案では、そもそも賃貸借契約に違約金条項がないことと、賃貸人が賃借人との訴訟で和解に応じたこととの間には因果関係がないことから、賃貸人の請求を認めなかったところです。
　国土交通省が公表している賃貸住宅標準契約書では、違約金条項を定めるのであれば特約として対応すべきものとしています。業界団体が作成する標準的な契

約書式においても、この賃貸住宅標準契約書の内容を基本としているところです。また、事業用契約についてもその内容は様々であること、事業用契約であれば賃借人も事業者であることから、契約条件の決定には当事者間の合意内容がより尊重されるものであることから、違約金条項を定めるべきか否かは、賃貸借の目的や態様、当事者の意向に則して、個別に決定されるべきものと考えられます。

　したがって、宅建業者・宅建士は、契約当事者の個別の要望等を勘案し、違約金条項を定める必要があるかを検討の上、必要があればその旨特約しておくことが大切です。

　なお、違約金条項に限らず、個別事情を踏まえて特約条項を設ける場合には、専門家の意見も聞きながら、当事者の要望に則した内容となるのかを精査して条文化するとともに、当事者にもその内容をしっかりと説明することが大切でしょう。

Q⑬ 賃借人が媒介業者の瑕疵ある媒介によって損害を被ったとして媒介業者に対して損害金等の支払を請求したい。

マンションの一室の賃貸借契約を締結しましたが、その時の媒介業者の媒介行為には、重要事項説明書に宅建士の立会印がないなどの瑕疵があります。そのことによって損害を被ったので、媒介業者に対して損害金等の支払いを請求したい。
（賃借人／個人）

▌関連裁判例の紹介▐

本事例を検討するに当たっては、平成30年1月19日東京地裁判決が参考となります。

【上記判決の概要】
●事案の概要●
（X：賃借人　Y：媒介業者（元付）　A：媒介業者（客付け）　B：家賃債務保証業者）

賃借人Xは、平成28年9月27日に媒介業者Aを訪問し、その後、貸室をいくつか案内してもらった上で、都内所在のマンションの一室（本件貸室）を賃借することに決めた。

同年10月21日、X、A及び媒介業者Yの代表者が甲支店に参集した。AはXの媒介業者であり、Yは賃貸人の媒介業者である。しかし、Yと本件貸室の賃貸人との間では仲介手数料は支払わない契約となっていた。

同日、Yが説明した重要事項説明書には、「Xは自己の責任と負担にて賃料保証会社Bと賃料保証委託契約を締結する、本件契約が継続する限り保証委託契約も更新し継続する」などの記載があり、Xはこの重要事項説明書に署名押印した。もっとも、媒介業者欄にはYの記載及び宅建士の記名押印はあるが、Aに係るものはなかった。

Xは、同日付けで、賃貸人との間で、期間2年、賃料月額6万9,000円、賃料等の支払方法は口座振替とすること等を内容とする賃貸借契約（本件契約）を締結し、賃料2ヵ月分、媒介手数料及び保証委託料等を支払った。

以上のような経緯のもと、Xは、Yらの本件契約に係る媒介には次のような瑕疵があったと主張して、Yに対して損害金等50万円（うち3万4,500円は保証委託料）及びこれに対する延滞損害金の支払いを請求したのが本事案である。

ア　宅建業法35条5項違反

Yが作成しXに対して読み聞かせ、交付した宅建業法所定の重要事項説
　明書にはAの宅建士の立合印がない
　イ　賃料の支払いに係る重要事項説明が不明確であること
　　　交付書面に「借賃の額並びにその支払の時期及び方法」が記載されては
　いるものの明確でない（書面上ではBが賃料収受権者である旨の記載があ
　るが、YがXに対して平成28年10月分及び11月分を直接Yに対して支払う
　ように要求したことから、Xは、Yが賃料収受権者であり、Bはあくまで
　連帯保証人であると理解することとなったとしている。）。
　ウ　報酬等に係る宅建業法46条違反
　　　Yが宅建業法46条所定の報酬額の制限を超えた報酬を収受した。
　エ　権限なく保証委託料を受領したこと
　　　Yが、Bに支払うべき保証委託料を受領する権限がないのにこれをXか
　ら収受し不当に利得した。

●相手方（Y）の言い分●

　これに対しYは、アについては、Aの印鑑が本店にあったことから重要事項説
明書には押印できなかったと、イについては、賃料の10月・11月分は現金で支払
うことになっているが、12月分からBが集金することは重要事項説明書に明確に
記載していると、ウについては、Yは賃貸人から媒介手数料を得ていないと、エ
については、YにはBが行う契約代行と集金業務をする権限があると、それぞれ
主張している。

●裁判所の判断●

　裁判所は概ね次のように判断し、Xの請求を棄却しました。

（ア　宅建業法35条5項違反について）

① 　重要事項説明書にAの宅建士の立会印がないことは宅建業法35条5項には違
　反しているといわざるを得ないものの、これは、本件賃貸借契約締結の際、A
　の担当者が立ち会っていたもののAの会社の印鑑が本店にあるため押印するこ
　とができなかったためであり、Xに対する関係でYの不法行為を構成するとは
　いえない。

（イ　賃料の支払いについて）

② 　本件貸室の賃料は10月分及び11月分は現金で支払うことになっているもの
　の、12月分からはBが集金することが明確に重要事項説明書に記載されてい
　る。

（ウ　報酬について）

③ 　Yが宅建業法46条所定の報酬額制限を超えた報酬を収受したことを認めるに

足りる証拠はなく、かえって、Yは賃貸人から媒介手数料を得ていないことが認められる。

（エ　不当利得について）

④　Xは、YがBに支払うべき保証委託料を受領する権限がないのにこれをXから収受し不当に利得した旨主張するが、YはBの契約代行と集金業務を担当しているのであり、YにはBに支払うべき保証委託料を受領する権限があることが認められることから、Xの主張はその前提を欠き失当である。

（結論）

⑤　よって、Yの瑕疵に基づきXに損害が発生したとするXの請求には理由がない。

○本事例を検討する際の留意点

　上記判決からすれば、本事例においては、相談者が指摘する宅建業者の行った具体的な行為等が、債務不履行や不法行為といえるのか、宅建業法や媒介契約に違反していると言えるのかを、法令や契約書の文言等を踏まえて確認するとともに、当該行為によって相談者に損害が生じたといえるかなどについて、事実関係を踏まえて確認のうえ、対応を検討することが大切です。

○本事例及び上記判決から学ぶこと

　上記判決の事案では、重要事項説明書に借主側媒介業者の宅建士の立会印がないことにつき、宅建業法35条5項には違反している可能性があったとしても、そのことが直ちに宅建業者の不法行為を構成するとはいえないとして、当該事案における宅建業者の損害賠償責任は否定されました。

　しかし、宅建士の記名押印は宅建業法上義務付けられているところであり、記名押印がないことで行政指導等を受けている例も少なからずあります。また、後日トラブル等が発生して、それを怠ったことがことさらに問題になり得る可能性もあります。

　宅建業者・宅建士は、宅建士の記名押印の必要性を改めて確認し、宅建業法を遵守して業務を行わなければなりません。

Q14 賃貸借物件の申込みにあたり、虚偽の説明をした媒介業者へ損害賠償を請求したい。

物販店の店舗として利用する目的で、賃借物件の申込みをしたが、媒介業者から虚偽の説明を受け、その結果、計画をしていた物販店の開店が間に合わず約3億円余損害等が発生しました。媒介業者に対し、不法行為に基づく損害賠償を請求したい。 （賃借人／法人）

■ 関連裁判例の紹介 ▷▷▷▷▷▷▷▷

本事例を検討するに当たっては、平成28年7月12日東京地裁判決が参考となります。

【上記判決の概要】
●事案の概要●
（X：賃借人　Ｙ１：媒介業者（客付）　Ｙ２：媒介業者（元付）　Ａ：賃貸人 Ｂ：Ｘとの共同事業者　Ｃ・Ｄ：他の媒介業者）

Ｘは、平成27年6月29日、媒介業者Ｙ１を介し、貸主側の媒介業者Ｙ２に対して、免税店を営む目的で本件建物（所有者Ａ、マンション1階部分、床面積1,180.06㎡、賃料月額260万円で募集）の賃貸借契約の申込を行った。なお、本件建物には、Ｙ２の他にも媒介業者が存在した。Ｙ２は、平成27年7月上旬、Ｘについて民間信用調査会社に正式な調査を依頼し、同月17日ころ、調査結果が提出された。

Ｙ２は、平成27年7月21日、Ｙ１に対し、本件建物の賃貸借契約には応じられない旨回答した。Ｙ１は、同月15日ころにＸから他の不動産業者に申込みをしたとの連絡を受けていたことから、Ｘにはその旨連絡しなかったが、その後、Ｘからの問い合わせがあったので、賃貸借契約には応じられないとするＹ２からの回答を伝達した。

一方Ｘとの共同事業者であるＢは、本件建物において免税店を営む目的で、平成27年7月17日ころ、本件建物の他の媒介業者であるＣ社及びＤ社を介して、賃借を申込み、同年7月末ころ、Ｃ社からＢに対し、契約金精算書が渡された。しかし最終的には、ＡとＢとの間で賃貸借契約は締結されなかったところである。

Ｘは、Ｙ１・Ｙ２の下記ア・ウの行為により、予定していた物販店の開店が間に合わず、Ｘの計画は頓挫し、少なくとも3億円の損害が生じたとして、また、下記イの行為により名誉が毀損されたとして、Ｙらに対し、これらの損害の一部として100万円の損害賠償を請求したのが本事案である。

> ア　使用目的に係る虚偽説明
>
> 　　Ｙ２に対し本件建物の賃貸借契約を申し込んだ際、Ｙ１及びＹ２は、本件建物が事務所用で物販店としては使用できないにもかかわらず、使用できるとの虚偽の説明をして、本件建物の賃貸借契約を申込ませた。
>
> イ　Ｘの信用調査
>
> 　　ＡがＸに関する信用調査を求めていなかったにもかかわらず、Ｙ２は、Ｙ１を通じて、「Ａの求めがあるから」と虚偽の事実を告げて、民間信用調査会社による信用調査に応じるようＸに求めた。これは、Ａの名を使った不当な調査である。
>
> ウ　賃貸借の成立に係る虚偽説明
>
> 　　Ｘの賃貸借契約の申込みに対し、直ちにＡが同意していたにもかかわらず、申し込みから約1か月が経ってから、Ｙ２がＹ１を通じて、Ａが賃貸借契約を断ったとの虚偽の事実をＸに告げた。

●相手方（Ｙ１、Ｙ２）の言い分●

　これに対しＹ１・Ｙ２は、上記ア～ウにつき、それぞれ次のように主張している。

　アについて

　　本件建物を物販店として使用できるとは断言していない。

　イについて

　　Ｙ２は、Ａから賃借人の募集のみならず、賃貸借契約申込時に申込書を審査する権限も付与されていたところ、本件物件は賃料が高額であったこともあり、全ての申込人について調査を実施していた。またＹ２がＡからの受託業務のために信用調査会社に調査を依頼したことが、Ｘに対する違法な権利侵害行為になるものではない。

　ウについて

　　Ｙ２：Ａからの正式かつ適正な授権に基づき、Ｘからの申込みについても他の申込みと同様に適正に審査し、断りの回答をしただけであって、何ら虚偽の説明等はしていない。

　　Ｙ１：平成27年7月15日にＸから他の不動産業者へ本件物件の賃借の申込みをしたとの連絡があったことから、「Ｙ２がＸへの本件賃貸借契約を断った」との連絡をしなかったものである。

●裁判所の判断●

　裁判所は概ね次のように判断し、Ｘの請求を棄却しました。

（使用目的に係る虚偽説明（ア）について）

① 本件建物が物販店として使用できないと認めるに足りる証拠はなく、Ｙらが本件建物を物販店としても使用できるとした説明は、虚偽説明には当たらない。

（申込人の信用調査（イ）について）

② 賃貸借契約を締結するに当たって、賃貸人が賃借人の資力等を重視することは通常であるところ、本件建物が高額物件であることに照らせば、賃借人の信用調査を行うことに違法性は認められず、Ｙ２がＸの信用調査を行ったことが、Ｘとの関係で不法行為になるとは認められない。

（Ａの説明が虚偽であるか（ウ）について）

③ ＡがＸとの賃貸借契約を断ったことが虚偽であると認めるに足りる証拠はない。Ｂの申し込みに対してＡが直ちに同意したからといって、Ａの申し込みも同様であると推認されるものではない。

（結論）

④ よって、Ｙらに虚偽説明等があったことを前提とするＸの請求には理由がない。

〇本事例を検討する際の留意点

　上記判決からすれば、本事例においては、媒介業者の説明が「虚偽の説明」と言えるのか、実際の契約条件や契約に至る経緯などについて、事実関係を踏まえて確認のうえ、対応を検討することが大切です。

〇本事例及び上記判決から学ぶこと

　上記判決の事案では、賃借人が主張する宅建業者の虚偽説明は、証拠が不十分として認められず、媒介業者には不法行為はなかったとされました。

　しかし宅建業者・宅建士は、依頼者とのトラブルを避けるためにも、重要事項説明を含め、契約に至る過程での説明内容等に関しては記録等に残して保存しておくことが大切です。

　なお、入居申込者の信用調査については、少なくとも上記判決の事案のような高額物件に関しては、賃料等の支払能力を確認するために行うものである限り、取引通念上認められるものと考えられますが、無用な誤解が生じないよう、審査に際し、信用調査を実施する場合がある旨を伝えておくことが考えられるでしょう。

Q15 賃借した建物について使用目的を達せなかったことから、賃貸人と媒介業者の責任を問いたい。

　私は、介護施設として利用するため建物を賃借したところ、検査済証が未交付であったこと等から、用途変更確認申請ができず、施設を開設できませんでした。賃貸人と媒介業者に支払済賃料・工事代金等の支払いを求めたい。

（賃借人X社／介護業／法人）

関連裁判例の紹介

　本事例を検討するに当たっては、平成28年3月10日東京地裁判決が参考となります。

【上記判決の概要】
●本事案の概要●
（X：賃借人　Y1：賃貸人　Y2：媒介業者（元付）　Y3：媒介業者（客付））

　平成25年4月頃、Y1は、A社が施工した東京都B区内の建物（本件建物）の1階店舗部分について、A社の関連会社である宅建業者Y2に対してテナント斡旋を依頼していた。一方、その頃Xは宅建業者Y3に対して、B区内の介護施設用物件の探索を依頼していた。

　同年7月、Y2及びY3の媒介により、Y1を賃貸人、Xを賃借人とする本件建物の賃貸借契約が締結され、本件建物の引渡しを受けたXは、その直後から内装工事に着手した。

　同年8月にXが所轄消防署を訪問した際に、B区建築課と協議するように指示されたため、同課を訪問したところ、床面積が100㎡を超える場合には用途変更の申請が必要になる旨の説明を受けた。Xは、同年11月に内装工事を完了させるとともに、施設開業の申請をするために、Y3を通じてY2に、建物の確認済証と検査済証の提出を要請したところ、確認済証はあるが、検査済証はないとの回答を受けた。

　同年12月にXは、建築士に調査を依頼したところ、賃借部分を介護施設として使用するには用途変更の確認申請が必要になるが、検査済証がないため現状ではその申請ができないこと、その対策として、建築基準法上の調査報告制度の利用が考えられるが、本件建物にはそれ以外の部分にも建築基準法等に適合しない点があることが指摘された。これを受けてXはY1に対して、介護施設開業に向けてどのように対応するか回答を求めたところ、Y1は、介護施設としての使用を

可能にする義務はない旨回答した。

　そこでXが、Yらに対して、内装工事費用や支払済賃料、媒介手数料、逸失利益等1億1,125万円余の損害賠償を請求したのが本事案である。なお、Xは、平成26年10月に建物を明渡し済みである。

●相手方（Yら）の言い分●

　これに対しYらは、検査済証がないことはXに伝えていたし、内装工事費用については建築確認申請手続きの前に工事に着手したXに責任があると主張している。

●裁判所の判断●

　裁判所は概ね次のように判断し、Xの請求を一部認容しました。

（Y2及びY3の注意義務違反について）

① 　Y3は、Xの使用目的が介護施設であったことを認識していたこと、Y2から、他の介護施設としての利用目的での照会があった際に検査済証がない旨を告知するとすべて見送られていたことを聴取していたにもかかわらずXにこれを伝えていなかったことが認められる。

② 　宅建業者であれば、使用目的によっては用途変更確認が必要となり、その手続きに検査済証が必要となることは、基本的な知識といえるし、仮にその知識を欠いていたとしても、本件ではY2からの情報をもとに介護施設として使用することに疑問を持ちその原因を調査する義務をY3は負っていたというべきである。したがって、このような障害を知り、あるいは容易に認識し得たにもかかわらず、これを賃借人に告知しなかったY3の委任契約上の責任は否定できない。

③ 　Y2は、Y3に検査済証がないことを伝えていたことは認められるが、そのことを聞いたXがあえて契約締結を希望することに疑問を持つのが通常であり、少なくとも賃貸借契約締結の際には、Xに直接これを伝え、確認する機会があったのであるから、事前にY3に伝えていたというだけでは、宅建業者としての注意義務を果たしたとはいえない。

（Y1の債務不履行について）

④ 　XとY1の間で、Y1が調査報告制度を利用して用途変更確認を受けられる状態にすることの明確な合意があったとは認められないから、Y1はXに建物を現状有姿で引渡せば足り、Y1に債務不履行があったとは認められない。

（損害額について）

⑤ 　Y2及びY3が賠償すべき損害の範囲は、Xが本件建物で介護施設を開業し得ると信頼したことにより支出した費用に限られ、逸失利益はこれに含まれない。Xが建築士に建物調査を依頼した以降に支出した分についても同様であ

る。したがって、Ｙ２及びＹ３の注意義務違反と相当因果関係がある損害は、支払済賃料、仲介手数料、内装工事費用等4,155万円余となる。

　ただし、用途変更確認申請は、本来工事に着手する前にＸにおいて行わなければならない手続であるから、工事が完了するまでそれを放置したＸに、上記損害の発生ないし拡大について一定の過失があることは否定できず、その過失割合は3割とみなすのが相当である。よって、ＸがＹ２及びＹ３に請求し得る金額は、2,909万円余と弁護士費用の一部の計3,199万円余となる。

○本事例を検討する際の留意点

　上記判決からすれば、本事例においては、賃貸借契約の目的に照らし、宅建業者として検査済証の必要性を認識していたといえるか、従前の経緯や本件契約に至る過程などの事実関係を踏まえて確認のうえ、対応を検討することが大切です。

　なお、用途変更確認申請は、本来工事に着手する前に賃借人において行わなければならない手続なので、工事が完了するまで放置していた場合には、相談者側においても、その損害の発生ないし拡大について一定の過失があるとして、過失相殺により賠償額が減額される可能性があることに注意する必要があります。

○本事例及び上記判決本事案から学ぶこと

　宅建業者・宅建士は、建物や建築の専門家ではないことから、特段の事情がなければ、建物の遵法性を調査する義務まではないと言われています。しかし、上記判決の事案では、「宅建業者であれば、使用目的によっては用途変更確認が必要となり、その手続きに検査済証が必要となることは基本的な知識といえる」と指摘しています。また、この事案では、同じ使用目的での賃借希望者に対し検査済証がないことを告げると悉く賃借を見送っていたことを媒介業者が認識していたにもかかわらず、これを賃借人に告げなかったという事情を踏まえ媒介業者の責任が認められていることにも注意が必要でしょう。

　宅建業者・宅建士は、実際の取引に際し、調査等すべき内容は個別事情に基づき異なり得ることを踏まえ、当事者の要望や契約に至る経緯等を勘案して、どのような調査や説明が必要となるかをしっかりと検討することが大切です。

Q16 共用部分への看板設置について虚偽の説明をした賃貸人に損害の賠償を求めたい。

私は、賃貸人から共用部分への看板設置が可能であるとの説明を受けて店舗建物を賃借しましたが、それが虚偽であったため退去しました。賃貸人に契約締結に要した費用等の支払いを求めたい。　　　　　　　　（賃借人／個人）

■関連裁判例の紹介 ▷▷▷▷▷▷▷

本事例を検討するに当たっては、平成28年1月19日東京地裁判決が参考となります。

【上記判決の概要】
●事案の概要●
（X：賃借人　Y：賃貸人（サブリース業者）　甲：所有者（区分所有者））

平成26年2月頃、料理店を開業するための貸店舗を探していたXは、店舗・事務所等の賃貸及び管理等を主な業務とするYをインターネットで知り、その後10階建ての区分所有建物（本件ビル）の2階の1室（本件貸室）をYの案内で内見した。なお、本件物件は甲が所有しており、Yが賃借のうえ転貸する物件であった。

内見時、本件貸室には中華料理店が入居し、本件ビル前の歩道から2階に上がる階段横の歩道に面した部分に中華料理店の可動式置き看板（本件看板）が設置されていた。

同年3月、XとYは、本件貸室について、契約期間を同年3月31日からの2年間、賃料月額18万円、管理費・共益費等月額2万円、保証金50万円、礼金36万円等とする賃貸借契約を締結した。契約書（本件契約書）には「看板の仕様書を事前に提出の上賃貸人の承諾がなければ看板を設置することができない」との約定があった。その後にXが本物件を再内見した際、YはXに対し、「廊下は共用部分なので物を置いたり付けたりする場合は許可が必要である」旨告げ、また、看板のデザインが出来上がったらメールで送信するよう求めた。

同年4月、Xは飲食店を仮オープンし、その後看板等のデザインをYにメールで送信した。これに対してYはXに「（要旨）看板の設置場所を教えてもらいたいが、共用部分など場所によっては設置できない場合もある」と記載したメールを返信した。

同年5月、Xは、本件看板の広告表示部分を、前テナントの中華料理店のものから、Xのものに変更したところ、その直後に甲の顧問と名乗る者が本物件を訪れ、Xに対し、本件看板は現在の設置場所に置くことができないので撤去するよ

う求めたため、XはYに対し、本件看板を現在の設置場所に置いておくことができるよう早期の問題解決を求めた。これを受けてYは、甲に対して本件看板等の設置の申請をした。

　ところが同月末に本件ビルの管理組合は、Yに対し書面で、「共有部分に物を置くことは禁止されており、看板設置には設置以前に申請して許可を受ける必要がある」と回答した。

　同年6月、Yは、管理組合に嘆願書を差し入れるなどしたが、本件看板の設置について正式な許可がされることはなかった。

　同年7月、Xは店舗を閉めて本物件を退去し、鍵をYに返還した。

　以上のような経緯のもと、Xが、Yは本件看板の設置に問題があることを隠して説明せず、また、契約書に定める「承諾」をしていなかったのにかかわらず承諾したかのように装うなどして契約を締結させたのだから、Yには不法行為に基づく損害賠償責任があるとして、Yに対し賃貸借契約の費用、営業損害、精神的損害額等の損害賠償を請求したのが本事案である。

●相手方（Y）の言い分●

　これに対しYは、看板の設置にはYの承諾が必要である旨は説明していたし、本契約書にもその旨記載しており、Xの請求は理由がないと主張している。

●裁判所の判断●

　裁判所は概ね次のように判断し、Xの請求を棄却しました。

（Yによる本件看板の使用可能性の確約について）

① 本件契約書には、賃借人であるXは看板設置にあたり仕様書を事前に提出した上Yの承諾を得なければならない旨規定されていることや、Xの再内見時の説明、Yが看板のデザインが出来上がったらメールで送るよう求めていたことに照らすと、Yが本件看板の使用を確約したとは考え難い。

（Yの虚偽説明について）

② Yが本件契約書の規定以外に看板の設置に関して何らかの問題があると認識していたと認めるに足りる証拠はなく、Yが本件看板に問題があることを知りながらこれを隠して説明しなかったとは認められない。

（Yの本件看板の使用承諾について）

③ 本件看板設置の「承諾」は、仕様書を事前にYに提出することにより受け得るものであり、仕様書の提出のない契約締結前の時点で、Yによる「承諾」があったと認めることはできない。

（結論）

④ よって、Yの不法行為を前提とするXの請求は、いずれも理由がない。

〇本事例を検討する際の留意点

　上記判決を踏まえれば、本事例においては、看板の設置につきあらかじめ認められていたものであったか、契約書の記載や契約時の手続き等について、事実関係を踏まえて確認のうえ、対応を検討することが大切です。

　なお、仮に賃貸借契約上設置が許容されていたとしても、上記判決の事案のように、賃借物件が区分所有建物である場合には管理規約等において看板設置が制限される可能性があることにも注意が必要です。

〇本事例及び上記判決から学ぶこと

　店舗等の事業目的で賃貸借する場合には、上記判決の事案のように賃借人が共用部分への看板設置を希望することが少なくないと考えられます。

　宅建業者・宅建士は、賃貸物件が区分所有建物内の専有部分であるときは、共有部分の使用に関する管理規約等を確認し、その制約の有無や内容を説明すること、賃貸借契約書中に、看板設置に関しては管理組合の承諾が必要であることを明示しておくことが大切です。

Q⑰ 賃借した建物の住所が、振り込め詐欺に関連すると公開されていたことにより、業績悪化に対する補償を求めたい。

　私は、事務所用に建物を借りた者ですが、前入居者が当該建物を「振り込め詐欺」の拠点として使用しており、その旨公開されていたことから、業績不振となり退去しました。賃貸人と媒介業者に対して、収益悪化等についての賠償を求めたい。 (賃借人／法人)

関連裁判例の紹介

　本事例を検討するに当たっては、平成27年9月1日東京地裁判決が参考となります。

【上記判決の概要】
●事案の概要●
(X：賃借人　Y1：賃貸人　Y2・Y3：媒介業者)

　平成25年5月、インターネットによる物品販売等の事業を行っていたXは、宅建業者Y2及びY3の媒介によりY1から都内に所在する事務所用物件（本件貸室）を賃借する契約（本件契約）を締結して、本件貸室に本社を移した。Xは、本件貸室への移転前に比べて売上が落ち込んでいたところ、本件貸室の住所がいわゆる「振り込め詐欺」の金員送付先として警察庁等のホームページに公開されていたことを認識した（以前の居住者についての警察からの質問、外部の者からの情報提供で判明）。

　平成25年12月、Xは、本件貸室での事業継続は困難であると判断し、本物件から退去した。

　Xは、「本件貸室の住所が警察庁等のホームページで振り込め詐欺関連住所として公開されていたことは本物件の「隠れたる瑕疵」にあたる。Xが賃借するか否かの判断をするに当たり重要な事項であるのに、Y2及びY3はこの調査、説明を怠った。」と主張し、Y1に対しては瑕疵担保責任または不法行為に基づく損害賠償として、Y2及びY3に対しては不法行為または債務不履行に基づく損害賠償として、売上高の減少や信用毀損による損害賠償を請求したのが本事案である。

●相手方（Yら）の言い分●

　これに対し、Yらは以下のように主張している。

Y1：本件貸室の住所が警察庁等のホームページで公開されていたことは認識し

ていなかったし、これが本物件の瑕疵にあたるものでもない。

Y2・Y3：本件貸室の住所が警察庁等のホームページで公開されていたことは
認識していなかったし、媒介業者としてこれについて調査・説明す
べき義務もない。

●裁判所の判断●

裁判所は概ね次のように判断し、Xの請求を棄却しました。

（瑕疵担保責任について）

① 本件契約が貸室を事務所として使用するための事業用賃貸借契約であり、そ
の主たる目的が事業収益の獲得にあることに照らせば、本件貸室に心理的瑕疵
があるといえるためには、賃借人において単に抽象的・観念的に本件貸室の使
用継続に嫌悪感、不安感等があるというだけでは足りず、当該嫌悪感等が事業
収益減少や信用毀損等をもたらす具体的危険性に基づくものであり、通常の事
業者であれば本件貸室の利用を差し控えると認められることが必要である。

② 本件貸室に関連する振り込め詐欺については、テレビ、新聞などで報道され
たと認めるに足る証拠はなく、警察庁のホームページ等を確認しなければ本件
貸室に関連して詐欺犯罪があったと認識することは極めて困難であったと解さ
れる。また、警察庁のホームページ等で振り込め詐欺関連住所が公表されてい
る事実は必ずしも一般に周知されているとはいえず、業種柄インターネット上
の情報に相当程度精通していると考えられるXもこの事実を知らず、警察庁の
ホームページ等を確認することなく本件契約を締結している。さらに本件貸室
については、X退去後間もなく新たな賃借人が決まっているが、その月額賃料
は本契約より高く、また、その賃貸借契約締結の際には本件貸室の住所が振り
込め詐欺関連住所としてネット上に出回っていたことなどが重要事項として説
明されていたことが認められる。これらの事実からすれば、本件貸室の住所が
振り込め詐欺関連住所として警察庁により公表されていたという事実は、原告
の事業収益減少や信用毀損に具体的な影響を及ぼすものとは認められず、ま
た、通常の事業者であれば本件貸室の利用を差し控えるとまではいえないもの
と解される。そしてXの売上高の推移からすれば、転居後のXの売上高の減少
が本件住所の影響であると認めることはできない。

よって、本件貸室に隠れた瑕疵があると認めることはできない。

（不法行為ないし債務不履行について）

③ Yらが、本件契約締結時に本件貸室の住所が振り込め詐欺関連住所としてイ
ンターネット上に公開されていたという事実を知っていたと認めるに足る証拠
はない。また、事業用事務所の賃貸借契約の締結にあたり、当該事務所の賃貸
人及び仲介業者において、特段の事情がない限り、当該賃貸物件につき過去に
犯罪に使用されたことがないかを調査・確認すべき義務があるとは認められな

い。なお、Ｘが本件貸室の賃貸目的を「移転先を本店所在地として会社の信用を増すためである。」旨をＹらに告げていたと認めるに足る証拠はない。

　よって、Ｙらが不法行為責任や債務不履行責任を負うと認めることはできない。

○本事例を検討する際の留意点

　上記判決からすれば、本事例においては、「振り込め詐欺」の拠点として使用されていた事実の公開が、どの程度の周知性があったのか、当該事実の公表が相談者の事業収益減少や信用毀損に具体的に影響を及ぼしたと言えるのか、通常の事業者であれば本物件の利用を差し控えると言えるのかなどについて、事実関係を踏まえて確認のうえ、対応を検討することが大切です。

○本事例及び上記判決から学ぶこと

　インターネットの普及により情報源が多様化し、媒介業者が賃貸借や売買の媒介に当たり、説明すべき情報か否かの判断が容易でないものも増えているように見受けられます。

　上記判決の事案では、当該情報の周知性等の観点から心理的瑕疵やその説明義務違反等による債務不履行責任等が否定されましたが、トラブルを避ける観点からは、宅建業者・宅建士は、宅建業法上で調査・確認が明確に義務付けられていない情報であっても、契約の相手方の判断に影響を及ぼすと考えられるものであれば、知っている限り説明するというスタンスで対応するよう心がけることが大切でしょう。

　※なお、令和2年4月1日施行の改正民法では、「瑕疵担保責任」は、「契約不適合責任」とされ、その要件が「引き渡された目的物が種類、品質又は数量に関して契約の内容に適合しないものであるとき」（民法562条）とされたことにも注意して下さい。

Q18 別フロアのライブハウスからの騒音について説明を怠った賃貸人や媒介業者に、賃借に要した費用の賠償を求めたい。

私は、試験会場開設のためビルの一室を賃借しましたが、そのビルの地下にあるライブハウスからの騒音が著しく、試験会場として使用ができず、すぐに退去しました。この騒音について説明しなかった賃貸人や媒介業者に、賃借に要した費用等の支払いを求めたい。 (賃借人／法人)

■関連裁判例の紹介 ▶▶▶▶▶▶▶▶

本事例を検討するに当たっては、平成25年7月22日東京地裁判決が参考となります。

【上記判決の概要】
●事案の概要●
(X：賃借人　Y1：賃貸人　Y2：媒介業者（元付）　Y3：媒介業者（客付け）)

平成24年3月9日、Xは、媒介会社Y3と都内のビルの一室（本件貸室）を内見し、同日賃貸人側媒介会社Y2に、本件貸室の賃借申込みをした。その数日後、Xは単独で同ビルを訪問し、地階のライブハウスの看板を認識し、その後、改めて本件貸室を内見した。

同月22日、Y2とY3はXに重要事項説明を行い、その後賃貸人Y1とXは賃貸借契約（本件契約）を締結して、Y1はXに対し本件貸室を引渡した。Xは、本件契約の締結までの間に、ライブハウスからの騒音について特段の確認作業を行わなかった。

同年4月、Xは、本件貸室への機材搬入等の作業を行った際に、冷暖房用ダクトを通じライブハウスからの演奏の音や歌声が、うるさいと感じる程度の音量で聞こえることを認識した。そこでXはY1及びY2に対し、本件契約は無効であり解約するとの意思を表示し、同年5月、Y1に本件貸室を引渡し、敷金全額の返還を受けた。

以上のような経緯のもと、Xが、「本件契約の締結に際し、Y1は、Xに対し知り又は知り得た本件騒音問題を説明する義務がある。Y2及びY3は、本件契約を仲介した宅建業者として、本件貸室について騒音問題があるか否かについて情報収集・調査を行い、委託者であるXに対し情報を提供する義務があるところ、重要事項説明において昼間にもライブハウスの演奏があり、本件貸室について騒音問題があることを説明しなかった説明義務違反がある」と主張して、Yら

52

に対し、Xが本件貸室を賃借するのに要した費用等の損害賠償を請求したのが本事案である。

●相手方（Yら）の言い分●

これに対しYらは、ビルの地階にライブハウスがあることについて説明義務があるとは言えず、Xの請求には理由がないと主張している。

●裁判所の判断●

裁判所は概ね次のように判断し、Xの請求を棄却しました。

（騒音の程度について）

① 　Xが試験会場として使用するために本件貸室を賃借したこと、本件貸室がある建物にライブハウスがあること、Xが本件賃貸借契約を解約する意思表示をしたことは事実と認められるが、本件騒音が本件貸室を試験会場として使用するのに支障を生じる程度のものであり、そのためXが賃貸借契約の解約を余儀なくされたと認めるに足りる的確な証拠はない。

（Xの物件の使用への支障について）

② 　本件貸室がある建物は、幹線道路に面しており、本件貸室では道路を通行する車両等から発生する音も聞こえるものと認められる。そうすると、ライブハウス内における演奏による音があることにより、本件貸室を試験会場として使用するのに支障が生じるとは直ちには認められない。

（Y１らの騒音問題の認識可能性について）

③ 　Y１らが、本件貸室についてこれを試験会場として使用するのに支障を生じる程度の騒音問題があることを知り又は特別な調査を行わなくとも知り得たことを窺わせる的確な証拠はない。

（X側の事情について）

④ 　一方Xは、内見においてライブハウスがあることを認識しており、本件契約締結に先立ち、本件貸室を試験会場として使用するのにライブハウスにおける演奏の音等が支障とならないかを検討する機会があったと認められる。Xは、各種試験を主催する業者に対し、試験会場の選定・運営についてのルールの内容を照会して、BGMや音楽が聞こえることは試験会場としての使用に耐えない等の回答を得たというのであるが、Xが、本件契約の締結に先立ち同様の知見を有していたのであれば、本件貸室を試験会場として使用するのにライブハウスにおける演奏の音等が支障とならないかを検討したはずである。しかしXは、その検討の機会があったにもかかわらず、支障の有無を確認しないまま本件契約を締結したというのであり、また、平成24年3月の内見や重要事項説明の際に、Y１らに対し、各種試験を主催する業者として有し又は少なくとも有すべき「BGMや音楽が聞こえてはならない」という知見を告げた形跡はない。

（Ｙらの注意義務違反について）

⑤　以上によれば、Ｙらは、本件契約の締結ないし重要事項説明に先立ち、本件貸室及び同貸室がある建物を見分して本件ライブハウスの存在を認識し、情報技術、音楽及び語学に関わる教育事業等を目的とする業者としての知見を有し又は有すべきＸから、本件貸室内においてライブハウスからの演奏が聞こえるか否かの確認・調査を求められてもいないにもかかわらず、進んで同確認・調査を行いその結果を説明すべき注意義務をＸに対して負っているとは認められない。

○本事例を検討する際の留意点

上記判決からすれば、本事例においては、騒音の状況が「試験会場開設」という本賃貸借契約の目的に支障が生じる程度のものであるか、契約締結前に相談者が、賃貸借部分だけではなく共用部分や他のテナントの状況についても確認していたかなどについて、事実関係を踏まえて確認のうえ、対応を検討することが大切です。

上記判決の事案のように、相談者が賃貸借契約に先立ち、騒音問題が生じることを予見できたと認められるような事情がある場合には、相談者の請求は困難となることに留意する必要があります。

○本事例及び上記判決から学ぶこと

宅建業者・宅建士は、個々の契約の目的に応じ、特に本事例のように騒音問題が生じる可能性があらかじめ予見できるようなケースでは、後日の紛争とならないように、契約締結前に賃借人予定者に対し、賃貸借部分だけではなく共用部分や他のテナントの状況についても確認してもらうこと、特別の仕様の必要性等について専門家に確認してもらうことなどを助言することが考えられます。

Q19 賃借可能であると信じさせた媒介業者に無駄になった開店準備費用の負担を求めたい。

　私は、ダンスホール開設を目的にビルの一室を賃借しようと媒介業者を通じて賃貸人と交渉していましたが、媒介業者は他にも検討中の賃借希望者がいることを秘しており、結局その者との間で賃貸借契約が成立してしまったため、その物件を賃借できませんでした。賃貸借契約の成立を期待して支払った開店準備に要した費用が無駄になったので、その支払いを求めたい。　　　　　（賃借人／法人）

■関連裁判例の紹介 ≫≫≫≫≫

　本事例を検討するに当たっては、平成26年12月16日東京地裁判決が参考となります。

【上記判決の概要】
●事案の概要●
（X：賃借希望者　Y：媒介業者　A：賃貸人　甲：Xの代表者）

　平成23年5月、賃貸人Aと賃借人Bは、宅建業者Yの媒介により都内の4階建ビル（本件ビル）の1階を、使用目的を飲食店とし、賃料月額136万5,000円、賃貸期間を6月1日からの2年間とする定期建物賃貸借契約を締結した。また契約締結の際、Bの代表者は、Yに対し、本件ビルの4階（本件貸室）に賃借希望者がいるとして、Bの実質的経営者である甲を紹介した。そこでYは甲に対し、賃借条件について書面での提出を求めた。

　同年6月、甲は、本件貸室でダンスホールを経営すれば、利用者が1階店舗も利用する相乗効果が期待できると考えて、会社Xを設立し、Xが賃料月額45万円等の条件で、賃借を希望する旨Yに書面で申入れた。Yは、Aに対しその旨を伝えたが、Aは、他からも引合いが来ているとして明確な回答をしなかった。また、その頃Aは、本件ビルの2階及び3階について、Cとの間で、使用目的を飲食店とし、賃貸期間を2年間とする定期建物賃貸借の契約を締結した。

　同年7月10日頃、Yは甲から、共同出資者に示すため、賃料月額50万円として賃借した場合の契約条件を明示した書面がほしいと言われ、日付を空欄とし、Yの社印を押印した「契約締結のご案内」と記した書面（本件案内書面）を甲に交付した。その後Xは、内装業者に椅子を発注し、その代金のうち前金として50万円を支払った。

　その数日後にYは、Aから賃料月額60万円を条件とする賃借申込者Dがいると聞き、Aに確認の上、Xに対し同額以上の賃料を提示しないと交渉のテーブルに

は載らない旨を伝えたが、Xは、賃料額が増額されたことが納得できないと回答した。そこでAはYに対し、Dとの賃貸借契約締結に向けて準備をするよう指示した。

　同年8月、AとDは、本件貸室について、使用目的をリラクゼーションマッサージ店舗とし、賃貸期間を2年間とする定期建物賃貸借契約を締結した。

　以上のような経緯のもと、Xが、媒介業者であるYは、他に賃借希望者がおり、その者がXより高額の賃料の申出をしているにもかかわらず、その事実を告げず、かえってXが賃借できると保証し開店準備を始めてよいと述べたなどと主張して、Yに対し、開業準備のために拠出した費用の損害賠償を請求したのが本事案である。

●相手方（Y）の言い分●

　これに対しYは、Xに対して本件貸室を賃借できると保証した事実はないし、そもそもYは賃借の申込を賃貸人に取次ぐ立場であったにすぎないと主張している。

●裁判所の判断●

　裁判所は概ね次のように判断し、Xの請求を棄却しました。

（Yによる契約成立の保証について）

①　Yは、媒介業者として、賃借の申込を賃貸人に取り次ぐ立場であったにすぎないことが認められる。本件の事実関係からは、Xが賃料50万円で本件貸室を賃借できる見通しが立っていたとは到底言えず、Yにおいて、賃貸人の了承もなく、賃貸人の意向も不明の状況で、Xに対して、賃貸借の成立を保証することはできないし、賃貸借の見通しがないまま賃貸人に無断で賃貸借の成立を保証してもYにとって何ら利益となることはないばかりか、後で紛争となることは明らかであるから、Yが敢えてそのような行動をとるとは到底考えられない。また、YがXに、開店準備を始めてもらってよいと述べた事実も認められない。

②　賃貸借契約が成立していないにもかかわらず、YからXに本件案内書面が作成・交付されたのは、共同経営者等に示すためという甲の求めに応じたものであり、これによりXとAとの間の賃貸借の成立が保証されるものでもない。

（Yの説明義務違反について）

③　認定された事実関係からすればYが、Xよりも好条件の賃借の申入れを知っていたにもかかわらず、故意にXに告げなかったと認めることもできない。

（結論）

④　よって、Xの請求には理由がない。

〇本事例を検討する際の留意点

　上記判決からすれば、本事例においては、賃貸借契約締結に向けての交渉の過程で、他にも検討中の賃借希望者がいることを秘す一方で賃貸借契約の成立を保証したと評価できるような事情があるか、それによって相談者の賃貸借契約の成立に対する期待が法律上保護すべき程度までに高まったといえるかなどについて、事実関係を踏まえて確認のうえ、対応を検討することが大切です。

〇本事例及び上記判決から学ぶこと

　賃貸借契約に向けての交渉過程で、取引の関係者間で様々な書類が授受されることがありますが、当事者が不動産取引に詳しくない場合には、このような書類の交付・提出をもって契約が成立すると誤認して、準備作業に移行する可能性があります。

　宅建業者・宅建士は、トラブル防止の観点から、各種書類等の授受に際しては、その書類の内容や書類の授受の効果等を説明するなどして、当事者に誤認が生じないよう配慮することが大切です。

賃借人から耐震補強工事を求められたことで、受領できなかった期間の賃料等の支払いを媒介業者に求めたい。

依頼した媒介業者からの紹介で賃貸借契約を締結したが、賃貸借開始後に、賃借人からの建物の耐震補強工事と賃貸借条件の変更の要望があり、これを受けざるをえませんでした。耐震補強工事期間及び交渉期間中であるとして支払いを拒否された賃料や支出した工事費用等の支払いを、媒介業者に求めたい。

(賃貸人／法人)

関連裁判例の紹介

本事例を検討するに当たっては、平成27年5月28日東京地裁判決が参考となります。

【上記判決の概要】
●事案の概要●
(X:賃貸人、Y:媒介業者　A:賃借人)

不動産の賃貸及び管理等を業とする賃貸人Xは、平成24年6月ころ、現行の建築基準法の耐震基準を満たしていない昭和33年築の本件建物の賃貸借契約の媒介を宅建業者Yに依頼する媒介契約を締結した。

平成25年5月24日、Xは、Yの媒介により、賃借人Aとの間で、本件建物を製造家具その他小物などの販売及び軽飲食(一般的に、簡単な調理器具や普通の給排水設備があれば運営できる飲食)の店舗として使用することを目的として、月額賃料30万円、賃貸借期間を同年5月25日から3年間(フリーレント期間1.5カ月)等とする賃貸借契約(本件契約)を締結した。

同年6月ころ、Xは、Aから、本件建物の柱の一部が欠損しているなどの構造上の問題を指摘されるとともに、本件建物を契約上の目的に従って安全に使用できることを保証するよう求められたため、本件建物の耐震補強工事を施した。Xは、同工事完了(翌26年2月末)までの間、Aから賃料を受領することができず、また、XとAの交渉は同年7月8日まで続けられ、その間の賃料の支払も拒絶され、さらに営業保証として同年8月21日までの賃料を免除することとなった。

そこでXが、「Yが賃借人の使用態様や改装予定等の詳細を調査していれば賃貸借契約の前に耐震補強工事を完了することができ、賃料発生日当初から賃料の受領ができたはずであるのに、Yが当該調査をしなかった債務不履行により賃料の受領等ができなかった」と主張して、Yに対し、Aから受領できなかった賃料(賃料債務発生日から平成26年8月21日までの賃料)や工事代金の損害賠償を請

求し支払いを求めたのが本事案である。

●相手方（Y）の言い分●
　これに対しYは、本件契約の約定に定める使用目的を特定する限度で調査確認をし、使用態様に関しては禁止行為等の約定を盛り込み、改造工事についても事前に図面を提出して賃貸人の承諾を得る約定を盛り込んで賃借人に説明しているところであり、媒介業者としての一般的な注意義務を尽くしていると主張している。

●裁判所の判断●
　裁判所は概ね次のように判断し、Xの請求を棄却しました。
（賃貸人に対する情報提供義務について）
① 　一般に建物賃貸借の媒介の委託を受けた宅建業者としては、当該建物に関する情報を持たない賃借人との関係では、その情報不足が原因で賃借人が不測の損害を被らないよう、不動産取引の専門家として、賃借人の使用目的に照らして問題となり得る法令上の規制や物理的瑕疵等が存在するかどうかを調査する義務があると解される。しかし当該建物を管理又は所有する賃貸人との関係では、そうした建物に関する情報提供をする必要がなく、その賃貸目的の達成と不測の損害発生の防止は、賃貸人の意向を反映した賃貸条件（使用目的の制限や一定の行為の禁止・制限等）を設定し、賃借人に対してそれらを説明しその了承を得ることによって尽くされるから、こうした賃貸条件の確認を超えて、使用態様や改装予定の詳細まで聴取する必要は、原則としてないというべきである。

（Yの注意義務違反について）
② 　Yは、Aに対して、本件建物における重飲食の提供は不可であることを説明して了解を取り、使用目的を契約書に明記するとともに、他の目的に使用することを禁じ、使用態様に関する禁止・制限行為を列挙し、改装工事は賃貸人の承諾が必要である等の諸条件についてAの了承を得ることにより、Xの賃貸目的の達成と不測の損害発生防止を図っているのであるから、Yの一般的注意義務は果たされているというべきである。

（耐震補強工事の必要性に係る調査義務について）
③ 　建物の構造や耐震性評価に関して専門的知見を有しない宅建業者が、賃借人の使用目的等によっては建物の安全上問題が生じることを認識・予見して、賃借人の使用目的・態様の詳細を調査する義務を負うなどということは通常考えられない。Yが考慮し得た事情は、既存不適格の建物であるという程度であるから、そのことのみをもって耐震補強工事の必要性等につき認識・予見及び調査を義務付けることは、宅建業者が配慮すべき領域を超えているといわざるを

得ない。

（結論）

④　よって、Ｙの調査義務違反等を前提とするＸの請求には理由がない。

○本事例を検討する際の留意点

　上記判決からすれば、本事例においては、賃貸借の目的にかかわらず、物件を賃貸に供するに当たって耐震補強工事の必要性が認められると評価できるような特段の事情（老朽化が著しく、賃貸に供するためには耐震補強工事を含めた改修等が必要であると明らかに認められるような事情など）があるかなどについて、事実関係を踏まえて確認のうえ、対応を検討することが大切です。

　上記判決の事案のように、単に既存不適格であるというだけでは、宅建業者に対し、一般的な確認を超えて賃借人の物件の使用目的や態様等を調査する義務や、耐震補強工事を実施するよう助言すべき積極的な義務があるとすることはできないことに留意する必要があります。

○本事例及び上記判決から学ぶこと

　賃貸借契約における賃貸人に対する媒介業者の責務は、賃貸人の意向を反映した賃貸条件（使用目的の制限や一定の行為の禁止・制限等）を設定し、賃借人に対してそれらを説明し、その了承を得ることによって、賃貸目的の達成と不測の損害発生を防止することにあると考えられます。

　宅建業者・宅建士は、賃貸借の目的や賃貸借の条件などを当事者によく確認し、賃借人に使用態様の変更や改装の予定がある場合には、その手続きや費用負担等についても賃貸借契約書に明記することが大切でしょう。

Q21 契約締結直前に契約締結を断った賃借申込人に違約金を求めたい。

店舗建物の所有者ですが、自らが営業していた店舗を賃借したいという人が現れ、交渉の結果契約条件が合意に至ったものの、その後に契約条件の見直しを求められ、これを拒んだところ、契約を見送る旨の申出を受けました。賃借申込人に対し、契約に定められた違約金の支払いを求めたい。(賃貸人／法人)

関連裁判例の紹介

本事例を検討するに当たっては、令和元年9月3日札幌高裁判決が参考となります。

【上記判決の概要】
●事案の概要●
(X:賃貸予定者　Y:賃借予定者　A:解体工事業者)

Xは、a市内に所有する建物(本件建物)で物品販売店(X店舗)を営んでいたところ、平成28年4月、Yから本件建物を賃借し、出店したいとの申入れを受けた。Xは、X店舗を閉店してYに賃貸する方向でYと交渉を開始したものの、X店舗が営業中であることや内装解体工事が条件とされたため、閉店や内装解体工事に費用を要することから、契約期間を5年とし、引渡後3年以内にYが退去する場合はその間の賃料相当額を支払うこと(本件賃料保証条項)等の条件を提示するとともに、引渡しは9月以降にしてほしい旨申入れた。

同年7月、Yは当初難色を示していた本件賃料保証条項について取締役会の承認が得られ、賃貸借期間も5年間とすることが可能である旨をXに連絡した。その後賃貸借開始日を同年11月1日とすることで両者が合意したことから、契約書案文のやり取りが本格化し、同年9月末には、XとYとの間で契約書の内容が概ね合意に達したため、翌月7日頃にXはA社にX店舗の内装解体工事を発注した。

その直後、Yの社内で本件賃料保証条項を見直すべきとの意見が出たことを受け、YはXに、引渡しの延期と本件賃料保証条件の見直しを求めたところ、Xはこれに応じず、交渉は決裂した。その後XはA社に対して内装解体工事の契約解除に伴う損害金を支払った。

以上のような経緯のもと、Xが、Yに対し、賃貸借契約解除に伴う違約金や内装解体工事の中止に伴う損害賠償を請求したのが本事案である。

●相手方(Y)の言い分●

これに対しYは、賃貸借契約書への記名押印はなされておらず、契約は成立し

ていないから、Xの請求には理由はないと主張している。

●裁判所の判断●

　裁判所は概ね次のように判断し、Xの請求を一部認容（違約金請求は棄却・解体工事中止の損害金相当の損害賠償請求は認容）した原審判決（札幌地裁平成30年12月25日判決）を支持しました（控訴棄却）。

（契約の成立について）

① 　賃貸借契約は、賃貸人・賃借人となる者双方が締結の意思表示をすることによって法律行為として成立する。本件の交渉経過によれば、XとYは契約書案を詰めて双方の代表者の了承を得ようと努めており、双方が契約書を取り交わすことをもって契約締結の意思表示とすることを了解し合っていたとみるべきである。本件では、結局その段階に至っていないから、賃貸借契約に係る意思表示の合致はなく、契約は不成立であると言わざるを得ない。

（契約締結上の過失について）

② 　契約法を支配する信義誠実の原則は、既に契約を締結した当事者のみならず、契約締結の準備段階においても妥当するものである。当事者間において契約締結の準備が進捗し、契約締結交渉が大詰めに至って形式的作業を残すのみとなり、相手方において契約の成立が確実なものと期待するに至った場合には、このような期待を保護する必要があり、その一方当事者としては相手方の期待を侵害しないよう誠実に契約の成立に努めるべき信義則上の義務がある。このような段階において、正当な理由なく契約の成立を妨げる行為をして交渉の相手方に損害を生じさせた場合には、不法行為を構成するというべきである。

③ 　本件では、両者間で5か月以上契約締結に向けた協議が進められ、平成28年9月末には、最も困難な交渉課題であった本件賃料保証条項を含め認識の共通化が図られ、Xは代表者の了承を得て、Yも社内の最終決裁を得るべく準備を進めていた状況であった。よって、Xは契約の成立が確実なものと期待するに至ったと評価でき、このような期待は法的保護に値し、また、YもXがこのような期待を抱いていることを認識していたとみることができる。

④ 　それにもかかわらずYは、この時点に至って本件建物引渡しの中止とXが合意に達したと認識していた本件賃料保証条項の見直しを求めたのであり、誠実に交渉を継続したとはいい難いし、その求めには正当な理由があったとも認められない。

（結論）

⑤ 　そうすると、Yのこれらの行為は、それまでの交渉経緯に照らし正当な理由がなく賃貸借契約の成立を妨げる行為であるといえるから、Yは、これによってXが被った損害について、賠償すべき責任を負う。

○本事例を検討する際の留意点

　上記判決からすれば、本事例においては、違約金に関しては、賃貸借契約が成立したといえるか、すなわち契約書の取り交わしがあったか、仮になかったとすれば、契約書の取り交わしがなくても契約が成立するものとする当事者間の特段の了解があったかなどについて、事実関係を踏まえて確認のうえ、対応を検討することが大切です。

　また、契約そのものが成立しなくでも、上記判決のように、契約締結上の過失の法理に基づく損害賠償が認められる可能性がありますので、更に、契約の交渉過程から相談者に契約の成立に対する高度の期待が生じていると客観的に評価できるかなどについて、事実関係を踏まえて確認のうえ、対応を検討することが大切です。

○本事例及び上記判決から学ぶこと

　上記判決が述べるとおり、契約が不成立であったとしても、契約の交渉過程において、相手方に契約が締結されるという強い信頼を与えている場合には、当該契約をしないことによって損害を発生させ、かつ、その発生を予見できたときには、信義則上相手方に生じた損害を賠償する責任が生じることとなります（これを契約締結上の過失といいます）。

　宅建業者・宅建士は、契約締結交渉過程において一方当事者から契約の中止が要請された場合には、契約締結上の過失による損害賠償の可能性も考慮のうえ、適切な対応を助言することが大切でしょう。

Q²² 入居日が決まっておらず、鍵の引渡しを受ける前にキャンセルを申し出たので、振り込んだ費用の返金を求めたい。

マンションの一室について、賃貸人との間の賃貸借契約書に記名押印をしましたが、事情があって入居を見合わせることにしました。貸室の入居日は決まっておらず鍵の引渡しも受けていないことから、未だ契約は成立していないとして、賃貸人に支払った契約代金の返還を求めたい。 （賃借人／個人）

■ 関連裁判例の紹介 ▶▷▷▷▷▷▷▷▷

本事例を検討するに当たっては、平成29年4月11日東京地裁判決が参考となります。

【上記判決の概要】
● 事案の概要 ●
（X：賃借人　Y：賃貸人）

平成27年6月15日、賃借人Xは、業者の媒介により、賃貸人Yとの間で、マンションの一室（本件貸室）について以下の内容の賃貸借契約（本件契約）を締結した。

> ＜本契約の概要＞
> ・賃料：月額64,000円、管理費月額3,000円、敷金64,000円
>   　　　礼金64,000円
> ・期間：平成27年6月30日（入居可能日）から平成29年6月29日まで
> ・契約解除：賃借人は2か月前の書面通告、もしくは2か月分の賃料相当額を賃貸人に支払うことによって契約を解除できる。ただし、契約開始日より平成29年1月末日までは解約ができないが、賃借人の都合によりやむを得ず解約する場合は、賃貸人に違約金として賃料の1か月分相当額を支払う。
> ・敷金償却：賃借人が毎年2月1日から3月10日までの間以外の期間に退去した場合、敷金5万円を償却する。

Xは、本件契約書の取り交わしに先立ち、本件契約の締結において必要となる費用等として、敷金・礼金各64,000円、6月分の日割家賃2,400円、2年分の自動引落手数料2,400円、事務手数料10,800円、アパート保険の保険料（2年分）18,000円、鍵交換費用12,960円及び媒介手数料69,120円の計243,680円をYの銀行口座へ振り込んだ。

しかし、Xは、「平成27年6月30日から始まる契約をキャンセルとする。」として、平成27年7月8日付で、Yに対し、Xが支払済の金員より10,800円を除く232,880円の返金を受ける旨記載した「解約合意書」という表題の書面を送付した。Yは、同月11日に同書面を受け取ったが、これに応じなかった。

　以上のような経緯のもと、Xが、「①アパート保険の契約が未締結であったこと、②入居日が決まっていなかったこと、③鍵を受け取っていなかったこと、④本件建物の掃除・リフォームがされていなかったこと」を根拠に本件契約が成立していないと主張して、Yに対して支払済みの248,600円の返還を請求したのが本事案である。

● 相手方（Y）の言い分 ●
　これに対しYは、Xは、「解約合意書」によって本件賃貸借契約を解除の意思表示をしており、むしろYがXに対して違約金等の請求ができると主張している。

● 裁判所の判断 ●
　裁判所は概ね次のように判断し、Xの請求を棄却しました。
（契約の成立について）
① 　XとYは、平成27年6月15日に、Yが本件建物をXに住居として使用させることを約し、Xがこれに対して月額64,000円の賃料を支払うことを約することを内容とする本件契約書に記名又は署名及び押印をしてこれを取り交わしており、本契約は、その時点において成立したと認められる。また、Xは、Yに宛てて同年7月8日付で「解約合意書」を送付しており、X自身も本契約が成立していると認識していたものと考えられる。
② 　Xは鍵を受け取っていなかったこと等を根拠に本契約が成立していないと主張するが、いずれの点も賃貸借契約の成立要件には当たらないことが明らかであって、これらの事実が本件契約の条件とされていた旨の主張・立証もないから、主張自体失当である。
（契約の解除について）
③ 　Xは、Yに「解約合意書」を送付することにより本件契約を解約する旨の意思表示をしたものと認められ、本件契約は同解約の意思表示により解除されて終了したとみるほかない。このような法律関係を前提とすると、Yには解除に伴う原状回復として、Xに対して返還すべき金員が存在すると考えられる。
（Yが返還すべき金員について）
④ 　XがYに対して本件契約を締結するに際して支払った金員のうち、敷金及び家賃については本件建物の引渡しがされていないため、諸経費の中の自動引落手数料については引落しが開始されていないため、アパート保険の保険料につ

いては保険に未加入のため、鍵交換費用については鍵が引き渡されていないため、Yは、これらの全額をXに対して不当利得として返還する必要がある。一方、礼金、事務手数料及び媒介手数料については、契約の成立に伴い発生するものであって、いったん契約が成立している以上、Yは返還することを要しない。

（Xの違約金等の支払義務について）

⑤　他方で、本件契約は、Xの平成27年7月11日の解除によって終了したのであり、Xは、即時解約の違約金、平成29年1月末日を待たずに解約したことに係る違約金及び同年2月1日から3月10日までの間以外の期間に退去したことによる敷金の償却分を、Yに支払わなければならない。

（結論）

⑥　以上からすれば、YがXに対し返還すべき金員（④）は、上記⑤の違約金債権との相殺により全て消滅していることから、XのYに対する請求には理由がない。

〇本事例を検討する際の留意点

　上記判決からすれば、本事例においては、鍵の引渡しが賃貸借契約の成立要件とされていたか、仮にそうでない場合には、賃貸借契約の成立を前提として、契約上賃借人が負うべき債務も勘案して返還を請求しうる金員が存在するかなどについて、契約内容や事実関係を踏まえて確認のうえ、対応を検討することが大切です。

〇本事例及び上記判決から学ぶこと

　賃貸借契約は、民法上は諾成契約とされています（民法601条）。ただし、実務上、当事者の合理的な意思解釈のもと、契約書の取り交わしをもって賃貸借契約の成立と解することが多いと思われます。特段の明示的な合意がない限り、鍵の引渡しや実際の賃借人の入居をもって契約の成立と解することは困難でしょう。契約が成立した後の関係解消の申し出は、賃借人の入居の有無に関係なく契約の規定に従い処理され、礼金・媒介手数料等の金員が賃借人に返還されない場合もあります。

　宅建業者・宅建士は、契約の成立や、契約時に支払われる金銭の趣旨や取扱いにつき当事者によく説明し、トラブルの防止に努めることが大切です。

Q23 賃貸借契約の締結直前に契約を断わった賃貸人に対して損害賠償を請求したい。

店舗（整復院）を開業するための店舗賃貸借契約の締結を、契約直前に賃貸人から断わられました。賃貸人が契約を不当に破棄したことや、賃貸人の契約締結義務違反を理由として、損害賠償を請求したい。　　　（賃借人／法人）

関連裁判例の紹介

　本事例を検討するに当たっては、平成28年1月21日東京地裁判決が参考となります。

【上記判決の概要】
●事案の概要●
（X：賃借人　Y：賃貸人　A：媒介業者（客付）　B：媒介業者（元付）
C：連帯保証人）

　平成25年7月ころ、賃貸人Yは、媒介業者Bに本件店舗の賃貸の媒介を依頼した。

　平成26年4月、整復院店舗を探していた賃借人Xは、本件店舗について、X側媒介業者Aを通じて店舗賃貸借契約の締結に向けた交渉を開始した。

　平成26年5月某日、BはAに対して、本件賃貸借契約にかかる賃貸精算書を送付するとともに、同月末日に契約締結を行いたい旨を伝えた。

　平成26年5月末日、賃貸精算書にしたがいXはBに340万円余（保証金・礼金等）を振り込んだ。

　同日、BはYに、「賃借人及び連帯保証人：X」と署名された本件賃貸借契約書を持参したところ、Yは、賃借人と連帯保証人が同一人物になる契約には応じられないとして、X以外の者を連帯保証人に立てるよう要求したため、CがXの連帯保証人になることとなったが、Cは、Yの求めにもかかわらず確定申告書をYに提出しなかった。

　Yは、礼金や連帯保証人を巡る交渉が円滑に進まなかったことから、このままXと賃貸借契約を締結すれば、締結後もトラブルになることが危惧されるし、契約締結前からもめる相手とは契約したくないと考え、Bに対してXとの契約締結を拒絶する旨を伝えた。

　Bは、本件賃貸借契約を成立させることは困難と判断し、本件店舗の仲介人を辞任した。

　その後、XからYに対し、Aを通じて本件店舗の賃借について打診があったが、Yは、別途依頼している仲介業者を通してほしいと伝え直接の交渉は拒絶し

た。

　平成27年1月、Yは、別の不動産仲介業者の仲介のもとで、別の賃借人との間で本件店舗について賃貸借契約を締結した。

　以上のような経緯のもと、Xが、平成26年5月某日の本件振込によりX・Yとの間で本件店舗を賃貸する旨の賃貸借契約が成立したにもかかわらず、Yは一方的な理由により本件賃貸借契約を破棄したとして、または、Xに対して本件賃貸借契約の締結がほぼ確実であるとの印象を与え、契約締結について強い信頼を与えたにもかかわらず、契約締結交渉を一方的に打ち切ったYには、交渉打切りによりXが被った損害を賠償する責任を負うとして、Yに対し、Xが内装工事会社に支払った工事費用、営業損害、弁護士費用計309万円余の損害賠償を請求したのが本事案である。

●相手方（Y）の言い分●

　これに対しYは、そもそも賃貸借契約は成立していないし、契約締結上の過失も成立しないと主張している。

●裁判所の判断●

　裁判所は概ね次のように判断し、Xの請求を棄却しました。

（賃貸借契約の成立について）

①　本件賃貸借契約書には、賃貸人の署名捺印がないし、保証金等に相当する金員の振込を契約成立条件とする契約条項も認められないこと、Yも契約の成立を否認していることから、本件賃貸借契約は成立していないものと認められる。

（契約締結上の過失について）

②　Yは連帯保証人の資力要件を裏付ける資料を当初から要求していたこと、YがBから見せられた本件賃貸借契約書にはXが賃借人かつ連帯保証人である記載があったことから、Yは仲介業者に対して連帯保証人を別の人物に差し替えるように指示したこと、しかし、その人物Cの資力を証明する資料はBが予定した契約締結日までに提出されなかったことが認められる。これらによれば、Xとの契約締結交渉の経過において、Yの提示条件が満たされないことで、YがXに対して不安感を抱き、Yとの契約締結自体を白紙に戻したいと考えたとしてもやむを得ないということができる。

③　また、YがXに対し、本件店舗の内装工事に着手することを承認したことを認める証拠はない。

④　②③からすれば、本件の契約準備段階を通じて、YがXに対して、本件賃貸借契約が確実に締結されるとする強い信頼を与えたとは認められないし、Yによる契約の締結拒絶が、信義則上の注意義務に違反するとは認められない。

（結論）

⑤　よって、Ｙの契約の不当破棄又は契約締結上の過失を前提とするＸの請求には理由がない。

○本事例を検討する際の留意点

上記判決からすれば、本事例を検討するに当たっては、賃貸借契約書の記載内容等から、賃貸借契約が成立していたと言えるのか、仮に契約が成立していない場合には、一連の手続きにおいて相談者が賃貸借契約の締結に対する強い期待や信頼が生じると認められる客観的な事情があるのかなどについて、事実関係を踏まえて確認のうえ、対応を検討することが大切です。

○本事例及び上記判決から学ぶこと

賃貸借契約の締結に至るまでには当事者間で様々な具体的な準備作業が行われ、その過程で相手方に対し、契約の成立についての強い信頼を与えることがあります。こうした信頼を裏切って契約交渉を一方的に打ち切った場合には、「契約締結上の過失」として、相手方の被った損害を賠償する責任が生じる場合があります。

宅建業者・宅建士は、いまだ契約が成立していない段階でも、契約のキャンセルは、場合によっては一定の金銭負担が発生することを当事者に説明し、適切な対応を検討するよう助言することが大切でしょう。

Q24 賃借人が賃貸借契約締結時から累積している滞納賃料等を連帯保証人に支払ってほしい。

　長期間賃料を滞納している賃借人に対し、連絡を取ろうとしたが、連絡もとれないため、連帯保証人に契約締結時からの累積した滞納賃料全額を支払ってほしい。　　　　　　　　　　　　　　　　　　　　　　（賃貸人／法人）

▍関連裁判例の紹介 ▶▷▷▷▷▷▷

　本事例を検討するに当たっては、令和元年7月17日東京高裁判決が参考となります。

【上記判決の概要】
●事案の概要●
（Ｘ：賃貸人　Ｙ：連帯保証人　Ａ：賃借人）

　平成16年3月、賃貸人Ｘは、本件住宅（市営住宅）賃借人Ａと賃貸借契約を締結し、また、Ａの実母Ｙとの間で連帯保証契約を締結した。

　Ａは、入居後ほどなく賃料支払を怠りはじめ、滞納額は賃料3か月分となったが、Ｘは明渡しを請求しなかった。

　平成17年4月分から、Ｙの協力を得て、賃料はＡが受給する生活保護から直接Ｘに支払われることとなったが、Ａの生活保護は平成27年4月に廃止された。なお、Ｘは、生活保護が廃止されたことをＹに知らせなかった。

　平成28年5月、Ｙは、Ｘに対して、Ａを本件住宅から退去させるなどの厳しい措置を取って欲しいと要望し、以降数回同様の要望をしたが、Ｘは明渡手続き等をせず、引き続きＹにＸの滞納賃料の支払いを求めた。

　その後、Ｘは、平成29年9月時点でも依然Ａと連絡がつかないため、契約締結から約14年経過した平成30年1月に、ＹとＡに対し滞納賃料等330万円余の支払いを請求したのが本事案である。

●相手方（Ｙ）の言い分●

　これに対しＹは、連帯保証契約につき黙示の解除がなされていると主張している。

　さらにＹは、Ａに滞納賃料を支払う意思がないことが客観的で明らかであるのに、長期間、賃貸借契約の解除等の措置をＸが行わずにＡの滞納家賃を累積させたことは、Ｘの損害拡大防止義務違反である旨主張している。

●裁判所の判断●

裁判所は概ね次のように判断し、Xの請求を一部棄却しました。

（黙示の意思表示による解除について）

① 連帯保証契約の「解除」という重要な法律効果を発生させる意思表示について、「黙示」の意思表示によりその法的効果を発生させることを許容することとなれば、契約の他方当事者にとっていつ契約の解除の意思表示がなされたのか不明になり、その予測可能性を害する場合があるから、「黙示の解除の意思表示」が認められるのは極めて限定的な場合に限られるというべきである。本件では、平成28年5月31日以前のYの言動中に「黙示の解除の意思表示」と評価すべきものは認められず、黙示の意思表示により連帯保証契約が解除されたと認めることはできない。

（Xの権利濫用について）

② Xとしては、生活保護が廃止されれば、Aが滞納を続けることを予測することができたものと解される。

一方で、Aの生活保護が廃止されたことを知らずにいたYはXに促されて、平成28年4月分までの滞納賃料の累積債務額について分納誓約書を提出していること、その頃にはYも70歳に達して年金受給者となっており、Aとも連絡が取れず困っていたことをXも把握していたこと、平成28年5月以降は、YもしばしばXの担当者に対して、Aを本件住宅から退去させるなどの厳しい対応をすることを要求したり、年金生活者であるため、分割払いの履行も困難であることなどを訴えていたことが認められる。このような経緯に照らせば、Aの生活保護が廃止された以後は、Xは、Yの支払債務の拡大を防止すべき措置を適切に講ずべきであり、かかる措置をとることなくその後の賃料をYに請求することは、権利の濫用にあたるというべきである。

（結論）

③ よって、Xの請求のうち、Aへの生活保護が廃止されてから一定期間経過後の平成29年4月分以降の支払請求分については、権利濫用として許されないからその請求には理由がない。

○本事例を検討する際の留意点

上記判決からすれば、本事例においては、賃貸人において、賃貸借契約を解除する等によって連帯保証人の支払債務の拡大を防止すべき措置を講じることができたかなどについて、事実関係を踏まえ確認のうえ、対応を検討することが大切です。上記判決の事案のように、賃貸借契約の解除が容易に認められ得るような場合でも漫然と契約を継続しているようなときには、損害拡大防止義務に反するなどとして、相談者の連帯保証人への請求は困難となることに留意する必要があります。

○本事例及び上記判決から学ぶこと

　賃貸借契約の連帯保証に関しては、賃貸借契約が更新された場合の連帯保証人への請求につき、「賃借人が継続的に賃料の支払を怠っているにもかかわらず、賃貸人が、保証人にその旨を連絡することもなく、いたずらに契約を存続させているなど一定の場合には、保証債務の履行を請求することが信義則に反するとして否定されることがあり得ると解すべきである。」とする最高裁の判決（最高裁平成9年11月13日判決）があります。

　管理業者は、賃貸人に対し、賃借人の賃料滞納状況につき適宜連帯保証人に通知すること、滞納の拡大が見込まれ信頼関係の破壊に至ると考えられる状況となった場合には契約解除の手続きをすること、これらを怠ると、連帯保証人への請求金額の一部が権利濫用として認められない可能性があることを助言することが大切でしょう。

　なお、令和2年4月1日施行の改正民法のもとでは、個人が連帯保証人の場合には、契約時に極度額を定めることが必要とされ、連帯保証人は、極度額の範囲でのみ賃借人の債務の支払い義務を負うとされていることにも注意が必要です。

Q25 家賃債務保証会社が賃借物件内の家財等を撤去し処分してしまったので、損害賠償を求めたい。

賃貸借契約解除の通知及び家財等の撤去の通知がなされることなく、賃借していた物件内の家財等が、家賃債務保証会社により撤去され処分されてしまいました。家財類の価額相当の損害を被り、精神的苦痛を受けたとして、家賃債務保証会社に対し、不法行為に基づき慰謝料等の損害賠償を請求したい。

(賃借人/個人)

▶関連裁判例の紹介

本事例を検討するに当たっては、平成29年2月21日東京地裁判決が参考となります。

【上記判決の概要】
●事案の概要●
(X:賃借人　Y:家賃債務保証業者　A:賃貸人)

平成27年6月上旬頃、生活保護を受けている賃借人Xと賃貸人Aは、共同住宅の1室（本件貸室）につき、月額賃料5万7,000円にて賃貸借契約を締結した。また同日Xは、家賃債務保証業者Yとの間で、賃貸借契約に基づいて生じる一切の債務について保証する旨の保証委託契約（本件保証委託契約）を締結した。

その後Yは、Xの平成27年9月分以降の賃料が不払になったため、役所に確認したところ、Xへの生活保護費の支給は同年7月をもって停止したとの回答を得た。また、Yが、Xの緊急連絡先であるXの弟を名乗る人物へ架電したが、Xとは長年音信不通であるとのことであった。

YがXに対し、賃料催告の通知書を内容証明郵便にて郵送後、複数回書面により賃料の催告を行ったが、Xからの返答はなかった。

平成27年12月中旬頃、Yは、Xが事件にあった可能性もあると考えて警察に通報し、警察官立会の下、本件貸室内を確認したところ、本物件には人が居住している形跡がなく、冷蔵庫の中には一切食べ物が入っていない状況であった。また、本物件の電気、水道は停止されており、郵便物も大量にたまり回収されていない様子であった。のちにXは、平成27年7月頃、刑事事件を起こし勾留されていたことが判明した。

平成28年1月中旬頃、本件保証委託契約書で「電気・ガス・水道の利用状況、郵便物の状況等から、賃借人が本物件において通常の生活を営んでいないと認められるとき」は、「本物件の明渡しが成立したとみなされる」とされていることから、Yは、同契約条項に基づき、本件貸室内の動産類の所有権が放棄され、こ

れらの搬出、運搬、処分へのＸの同意があったものと判断し、本件処分を実行した。（処分品内訳：タンス、冷蔵庫、電気笠4個、食器棚、電子レンジ、炊飯器、電気ポット、電気掃除機、電気こたつ、布団、収納棚等）

　以上のような経緯のもと、Ｘが、賃貸借契約解除の通知及び家財等の撤去の通知を行うことなく、Ｘの家財等を撤去して即時処分したことは不法行為に当たるとして、Ｙに対し損害賠償請求をしたのが本事案である。

●相手方（Ｙ）の言い分●

　これに対しＹは、Ｘと連絡がとれない等により、やむを得ず本件処分を実行したものであり、Ｙに義務違反ないし不法行為は成立しないと主張している。

●裁判所の判断●

　裁判所は概ね次のように判断し、Ｘの請求を棄却しました。

（Ｘの権利放棄について）

① 　本物件の水道は、平成27年12月上旬に給水停止されており、同年12月中旬頃には、郵便物が回収されていない状態であったことが認められる。また本件は、Ｘが身柄拘束された後は居住者がいなかったから、Ｙが本件貸室内を確認した同年12月中旬頃には、冷蔵庫内に食べ物がなかったことが推認される。

② 　本件保証委託契約書には「電気・ガス・水道の利用状況、郵便物の状況等から、賃借人が本物件において通常の生活を営んでいないと認められるとき」は、賃借人は、「本物件の明渡しが成立した」とみなすことに同意すると規定され、「本物件に残置された家財道具等の動産類の所有権を放棄し、保証会社がこれらの搬出、運搬、処分することに何ら異議を述べない」と規定されている。本件貸室の状態は、同契約書が定める「賃借人が本物件において通常の生活を営んでいない」場合に該当するものと認められることから、Ｘは、本件貸室内の動産類について所有権を放棄したものとみなされることになる。

（処分の違法性について）

③ 　Ｙが本件処分をしたのは平成28年1月中旬頃であり、本物件の給水停止等を確認してから1か月以上が経過していること、Ｘが賃料を支払ったのは平成27年8月までであり、その後本件処分まで約5か月が経過していることからすれば、本件処分には違法性がないというべきである。

④ 　また、Ｘは、平成28年2月下旬頃、Ｙに対し、未払賃料や荷物の撤去費用等Ｙが要した費用全額を支払う旨申し入れるとともに、荷物の処分はＸが悪いから仕方ない旨記載した手紙を送付しており、このことからしても、Ｘは本件処分につき、Ｙに対する責任追及を放棄しているとみることができる。

（結論）

⑤ 　以上から、Ｙがした本件処分は、Ｘによる明渡しが成立したとみなされる本

件貸室内の、Xが所有権を放棄した動産類を処分したものであり、違法性はなく、不法行為は成立しない。

○本事例を検討する際の留意点

　上記判決からすれば、本事例を検討するに当たっては、処分等がなされた当時、賃借していた物件を相談者が実際に利用していたか、物件内の家財等について所有権の放棄がなされたと評価されるような客観的な事情があるかなどについて、事実関係を踏まえ確認のうえ、対応を検討することが大切です。

　なお、上記判決の事案でも、所有権放棄を認定するに当たっては、「賃借人が本物件において通常の生活を営んでいるとは認められないとき」に該当することを、事実関係をもとに認定したうえで、結論を導き出していることに留意しなければなりません。したがって、契約が終了していたとしても賃借人がいまだ物件を利用しているようなときにまで所有権放棄と評価することは、仮に契約書にその旨規定されていても、その効力が認められない可能性が高いことに注意する必要があります（この場合は、明渡判決を得て強制執行によるのが原則であり、このような取決めは、自力救済禁止の法理に抵触し、公序良俗に反し無効とされる可能性が高いと考えられます）。

○本事例及び上記判決から学ぶこと

　賃貸借契約が終了し鍵の返還がなされた後や、賃借人の長期不在等によって物件が使用されていないにもかかわらず、物件内に賃借人の動産等が残っている場合には、客観的に所有権の放棄がなされていると評価することも可能なので、そのような場合に備えて所有権放棄等の条項を定めることは可能と考えられます。

　ただし宅建業者・宅建士としては、当該内容を契約書中に定める場合には、少なくともその内容が、上記判決の事案の保証委託契約書の条項のように、ライフラインの利用状況や室内の状況等から賃借人が本物件において通常の生活を営んでいるとは認められないときなどに限定して適用されるような規定とすることに注意する必要があります。

　また、管理業者は、残置物の処分に関しては改めて賃借人への連絡に努め、それでも連絡が取れなかったという事実を踏まえ、上記要件が客観的に満たされていることを確認のうえ当該条項を適用するなど、慎重な対応が求められることに注意する必要があります。

Q26 賃借人が共用部に大量の荷物を置く行為を繰り返すので、賃貸借契約の更新を拒絶したい。

当社は事務所ビルの賃貸人ですが、賃借人が共用部に大量の荷物を置き、また賃料の延滞が常態化しています。期間満了による賃貸借契約の更新拒絶には正当な事由があると思われますので、次回の更新時に更新を拒絶して、賃借人に建物の明渡しを求めたい。　　　　　　　　　　　　　　　　（賃貸人／法人）

■関連裁判例の紹介▷▷▷▷▷▷▷

本事例を検討するに当たっては、令和元年9月24日東京地裁判決が参考となります。

【上記判決の概要】
●事案の概要●
（X：賃貸人　Y：賃借人）

賃貸人X（法人）は、賃借人Y（法人）との間で、平成10年5月、事務所ビルの6階A室（本件貸室）について、月額賃料等22万5千円にて賃貸借契約（本件契約）を締結し、引き渡した。

賃貸借契約書には、次の行為が禁止行為として規定されている。

> ア　貸室内、又は共用の場所にて建物の衛生管理上支障のある行為、建物内外の美観を損なう行為、他の賃借人又は第三者に対し、危険又は迷惑を及ぼす行為、その他建物の維持保全を害する行為をすること
> イ　共用部分（廊下、階段、屋上等）を専用使用すること

Yは、本件契約当初から、段ボール等の荷物を、発注元に発送するまでの間、6階エレベーターホールに置いて保管していた。平成26年10月頃より、置かれる荷物が大量となり、非常階段の扉や非常火災報知設備やパイプスペースの扉が隠れるようになったことから、Xは再三当該荷物の撤去を求める文書を送付したり、口頭で要請したりした。Yは、Xからの要請を受けると一時的に荷物を撤去することはあったものの、しばらくすると、再び6階エレベーターホール等に荷物を置きはじめることを繰り返していた。

また、Yは平成18年2月分から平成30年5月分までの賃料につき、数日から4か月程度遅れて支払うことが常態化しており、Xはその度に期日までの支払の要請を繰り返していた。

Xは、平成29年10月、1階エレベーターホールや6階外階段の踊り場にもYの荷物が放置されはじめたことから、Yに対し本件契約を次回（平成30年5月）は更

新できない旨を伝えた。また、Xは現時点では賃料の延滞は解消されているが、従前の経過に鑑みると今後も賃料支払の遅延が生じることが強く危惧されることも指摘した。

　しかし、状況が改善されないことから、Xが、本件契約の更新を拒絶し、本件貸室の明渡しと、明渡日までの未払い賃料等を請求したのが本事案である。

●相手方（Y）の言い分●

　これに対しYは、本件貸室のある6階部分は自分以外に使用している者はいないし、これまで賃料支払は数日遅れていたにすぎず、現在は賃料支払の遅れも解消しているなどと主張している。

●裁判所の判断●

　裁判所は概ね次のように判断し、Xの請求を認容しました。

（共用部分の使用について）

① 　Xは、Yに対し、6Fエレベーターホール等の共用部分に置かれた荷物を撤去するように何度も要請しており、YはXからの要請を受けると一時的に荷物を撤去することはあったものの、しばらくするとまた6Fエレベーターホール等の共用部分に荷物を置くことを再開していたことが認められる。そうすると、Yは、6Fエレベーターホールに荷物を置いて保管することにより共用部分を専用使用したほか、共用部分に荷物を置くことにより第三者に対し危険又は迷惑を及ぼし建物の維持保全を害する行為をしたものと認められ、本件契約に違反する行為を継続的に行ってきたと評価せざるを得ない。

② 　Yは、6階部分はY以外に使用している者はいないと主張するが、6階エレベーターホールの管理はXが行っていたのだから、6階エレベーターホールに荷物を置いて保管すればXの管理に支障が出ることは明らかであるし、外階段は避難通路であるから、共用部分に荷物を置くことにより本件建物の来訪者や上階の賃借人等の第三者に危険又は迷惑を及ぼすことも明らかである。

③ 　そうすると、Y以外の者が使用していないとの主張はYの行為を正当化するものではない。加えてYがXから何度も注意を受けたにもかかわらず共用部分に荷物を置く行為を繰り返していたこと自体、Xとの間の信頼関係を大きく損なわせる事情である。

（賃料滞納について）

④ 　XがYに対して更新拒絶の通知をした時点では賃料支払の遅延は解消されていたとはいえ、Yは平成18年2月分以降は本件契約の賃料を支払期限内に支払ったことがほとんどない。したがって、YがXから更新拒絶通知を受け取った平成29年10月から本件契約の期間が満了する平成30年5月までの間においては、XY間の信頼関係は破壊されていたと評価すべきである。

（結論）
⑤ 　Ｘは本件貸室の使用を必要とする事情を特段主張していない一方で、Ｙは本件貸室で主に企業相手の商売を営んでおり、本件貸室の使用を必要としていること、Ｙが20年にわたって本件貸室を賃借してきたこと等が認められる。しかしこれらのＹに有利な事情を考慮しても、Ｘによる本件契約の更新拒絶には正当事由が存在すると認められる。また、ＸＹ間の信頼関係は破壊されていることから、更新を拒絶することはＸの権利濫用には当たらない。よってＸの請求には理由がある。

〇本事例を検討する際の留意点

　上記判決からすれば、本事例においては、契約違反行為の状況が賃貸人が契約の更新を拒絶することが正当であると評価される事由に該当するか、実際の違反行為の内容やその解消に向けての双方の取り組み状況などについて、事実関係を踏まえ確認のうえ、対応を検討することが大切です。

　なお、信頼関係の破壊は、本来債務不履行解除の可否を判断するうえで考慮されるところですが、上記判決の事案では、更新拒絶が権利の濫用に当たるかという観点から考慮されていることにも注意する必要があります。

〇本事例及び上記判決から学ぶこと

　共用部分への荷物の放置等は、火災等の発生時には人命にもかかわる場合があり、仮に事故が発生した場合、賃借人（占有者）や賃貸人（所有者）は、民事上の責任のみならず、刑事責任が問われる可能性があります。また、建物全体の管理を受託している管理業者も、適切な対応を取っていない場合には責任を問われかねません。

　宅建業者・宅建士は、共用部分の利用のあり方につき契約書中に明確なルールを規定しておくことが大切でしょう。

　また管理業者は、共用部分の不正使用行為等を認識した場合には、すみやかにその解消のための対応を取ることが必要です。また、繰り返し要請しても改善が図られないときは、上記判決の事案のように、契約期間満了時の更新拒絶や、契約期間中の賃貸借契約の解除によって、解決を図ることを検討することが大切です。

Q㉗ 従前賃料しか支払わない賃借人との間の賃貸借契約の更新を拒絶したい。

　当社（賃貸人）が賃貸している店舗の賃借人が、店舗の前面部分を無断で使用したり、賃料等を不当に争い、調停で示された相当賃料（ただし調停は不調に終わった）の一部を滞納しています。直ちに賃貸借契約の解除はできないか。又は10か月後に契約期間が満了するため、その際に更新の拒絶ができないか。　　　　　　　　　　　　　　　　　　　　　　　　（賃貸人／法人）

▌関連裁判例の紹介▐ ≫≫≫≫≫≫

　本事例を検討するに当たっては、令和元年5月20日東京地裁判決が参考となります。

【上記判決の概要】
●事案の概要●
（X：賃貸人　Y：賃借人　A：前賃貸人）
　賃借人Yは、本件建物について、前賃貸人Aとの間で次の内容の賃貸借契約（本件契約）を締結し、引渡しを受けた。

・使用目的：鍼灸整骨院
・賃貸期間：2年間
・賃料等：月36万円及び水光熱費等
・特約：店舗前部分は共用部分で占有できない。Aが協議に応じる場合はこの限りでない。

　平成28年11月、本件建物を購入して賃貸人の地位を承継したXは、平成29年4月以降、賃料を36万円から54万円に増額することをYに要請したが、Yはこれを拒否した。

　また、電気料も実際の電気使用量に基づき請求することに変更し、その結果、Yは従前より高額の電気料を請求されることとなったところ、Yは、Xの賃料増額の要請を拒んだのでXが電気料を不当に高く請求するようになったと考え、平成29年2月分については6万円の電気料の請求に対して4万円を支払うにとどめていた。

　その後Yは、店舗前部分に電光看板を設置したり、前面道路にトラックを駐車したりするようになった。Xは、これらの撤去を求めたが、Yは応じなかったため、Xは、店舗前面ガラスへの駐輪禁止ステッカーの貼付や駐輪中の自転車へのチェーン施錠を行うようになった。

平成29年3月、YはXから電気料の計算資料の開示を受けたが、納得せず、それ以降は賃料36万円と電気料3万円のみを支払うようになった。

　以上のような経緯のもと、Xが、Yが無断で店舗前部分を使用し、賃料の額等を不当に争いその一部を滞納したとして、本件契約を解除し、建物の明渡しと未払い賃料等の支払いを請求したのが本事案である。

　なお、本件では調停がなされ、相当賃料月額47万円、未払い電気料12万円とする調停案が示され、YはXにその一部を支払っていたが、最終的に調停は不成立になった経緯がある。

● 相手方（Y）の言い分 ●

　これに対しYは、店舗前面部分の使用は前賃貸人Aから了承を得ていること、毎月相当と考えられる賃料等を支払い、調停案として示された賃料等も一部支払っていることから、契約解除事由や更新拒絶の正当事由はないと主張している。

● 裁判所の判断 ●

　裁判所は概ね次のように判断し、Xの請求を認容しました。

（債務不履行解除について）

①　Yは、前賃貸人Aから「移動できるものであれば店舗前部分に物を置いてもよい。」と言われており、無断で店舗前部分にバイク等を置き、鍼灸整骨院の駐輪場所としていたとはいえず、債務不履行があったとはいえない。

②　また、Yは、Xの賃料増額要請に応じなかったが、毎月相当と認める36万円の賃料を支払っており、いまだXの増額を正当とする裁判も確定していないのであるから、この点に関する債務不履行があったともいえない。

③　Yは、Xから相当な根拠のもとに算出した電気代を請求されていたにもかかわらず、平成29年2月以降、電気代の一部を支払わず滞納していたのであるから、この点に関する債務不履行があったとはいえる。しかし、Yの電気代が急増していった経緯やXが駐輪に厳格な措置をとるようになった経緯に照らせば、Yが、賃料増額の要請に応じないからXが電気代を不当に高く請求しYの業務を妨害するようになったと考えたことは、やむを得ないものといえる。

④　したがって、本件契約には、平成29年2月当時、債務不履行による契約の解除事由があったものとは言えず、Xの解除の意思表示は無効である。

（更新拒絶について）

⑤　XがYに対し行った、本件契約を解除する旨の意思表示は、本件契約を更新しない旨の通知を含むものと認めるのが相当である。

⑥　Yは、本件契約の期間が満了した平成31年3月当時において、少なくとも平成29年5月請求分から平成31年2月請求分までの電気代の一部を滞納していた。

また、本件建物の相当賃料は43万円と認められるところ、Yは、平成29年3月請求分から平成31年2月請求分までの賃料の一部が未払いであり、更新料も未払いであって、本件契約の期間の満了時点で、Yはこれらを直ちに支払うことができなかった。

⑦　よって、本件契約には更新拒絶の正当事由があったものというべきであるから、本件契約は、期間満了により終了したものといえる。

○本事例を検討する際の留意点

上記判決からすれば、本事例においては、賃借人の契約違反行為の内容を精査し、賃貸借契約の解除に必要な債務不履行及び信頼関係破壊の有無、更新拒絶に必要な正当事由の有無などについて、事実関係を踏まえ確認のうえ、対応を検討することが大切です。

○本事例及び上記判決から学ぶこと

上記判決の事案は、契約の終了による明渡請求と賃料の増額請求とが一体的に審理されたものです。上記判決では賃料の増額が認められたことから、賃貸人から増額請求がなされて以降の賃料につき賃借人の一部不払いが生じたのですが、この点に関し、上記判決では、債務不履行解除と更新拒絶とで異なる取扱いをしました。

すなわち、賃借人が支払ってきた賃料は自己が相当と認める賃料額であり、それは借地借家法32条に基づくものなので、「債務不履行には当たらない」としました。その一方で増額を認める判決によって賃借人に生じた差額分の支払義務につき賃借人が「更新時に直ちに支払うことができない」ことをもって、「更新拒絶の正当事由がある」としたところです（電気料の不払いに関しても、電気料値上げの経緯等から信頼関係の破壊は認められないとしつつ、上記未払い賃料分とあわせて考察することにより、その支払いが困難であることを更新拒絶の正当事由の中で考慮しています）。

管理業者は、賃借人に契約違反行為等があった場合で、改善の見込みがなく、賃貸人が契約終了を考えているようなときは、契約解除を選択するか、更新拒絶を選択するか、個別事情に応じ、必要に応じ弁護士等にも相談しながら、適切な方法を助言することが大切でしょう。

Q28 簡易宿泊所を営業する賃借人が近隣住民とのトラブルを放置しているので契約更新を拒絶したい。

戸建住宅を簡易宿泊所営業目的の賃借人に賃貸したところ、近隣住民から宿泊者による迷惑行為の苦情が多発しました。苦情への賃借人の対応が消極的で、賃借人の費用と責任で解決するとした契約の特約にも違反しています。直ちに契約の解除ができないでしょうか。また、8か月もすれば契約期間が満了しますので、その際に更新の拒絶をすることができないでしょうか。

（賃貸人／法人）

■関連裁判例の紹介 ▷▷▷▷▷▷▷

本事例を検討するに当たっては、平成30年11月9日東京地裁判決が参考となります。

【上記判決の概要】
●事案の概要●
（X：賃貸人　Y：賃借人）

賃貸人X（不動産業者）は、戸建賃貸住宅の入居者を探していたところ、賃借人Yから応募があり、Yは、管理会社の社員の立ち合いのもと本件建物の内見を行った。管理会社の担当者は民泊目的での賃貸は予定していないと説明したが、Yは旅館業法による宿泊を目的とする賃借の申込みであり、民泊目的ではないと返答した。管理会社は、事業内容欄に簡易宿泊所、申込者をYとする店舗・事務所入居申込書を作成し、Xに提示したところ、XはYの申込みに応じることとした。

その後、Yは管理会社に対し、本件建物を簡易宿泊所に改造するためには設備の設置調査の必要があること、ただし工事前に工事図面の提出ができないことを説明し、Xはこれを了承した。

XとYは「賃借人は、本件建物や、外部の清掃美化、防災、安全管理等を行い、近隣その他第三者に迷惑をかけないよう十分な注意を払うものとし、近隣その他第三者との間に紛争が生じた場合、賃借人がその費用と責任をもって紛争を解決し、賃貸人に何らの負担を掛けない。」との特約を含む賃貸借契約（本件契約）を締結した。

Yは、簡易宿泊所営業の許可を受けた後、管理会社に工事図面を送付した。管理会社は図面についてYに照会を行ったが、十分な回答がなく、連絡も取れない状況となった。

　工事が完了し、Yが宿泊営業を開始すると、宿泊予約客が本件物件を探し当てられず、近隣の住居を訪ね歩き、深夜に近隣住宅のインターフォンを押すトラブルが発生した。また、自転車の駐輪や喫煙等に関する宿泊者のマナーの問題も発生した。管理会社は宿泊客をめぐるトラブルについて度々Yに連絡したが、Yはその電話に出ない等苦情の解決に向けての対応要求に消極的であった。さらに近隣住民からは管理会社に苦情が寄せられ、Xに対し内容証明郵便で迷惑行為について抗議があったものの、Yの対応は消極的で、その後も苦情の発生は継続した。

　そこでXが、Yが、本件建物の間取り・内装をXの承諾なく大幅に変更する工事をし、契約上の義務に違反したとして、本件契約の解除または更新拒絶による契約の終了を主張して、本件建物の明渡し等を請求したのが本事案である。

●相手方（Y）の言い分●

　これに対しYは、工事は賃借目的である簡易宿泊所にするための工事であり、その内容も図面提出によりXは知っていたし、営業後の宿泊客と近隣住民のトラブルについても可能な限り対応していたと主張している。

●裁判所の判断●

　裁判所は概ね次のように判断し、Xの請求を認容しました。

（契約解除について）

① 　Xは、Yによる無断改造工事があったと主張し、工事につき承諾したことはないことを理由に、契約解除を主張するが、Yは管理会社に対し簡易宿泊所に改造するための設置調査が必要であると説明し、Xはこれを了承していたというのであるから、Xは工事を了承していたということができる。

② 　本件建物の宿泊予約客が、深夜に近隣住宅のインターフォンを押してしまうトラブルが発生し、自転車の駐輪や喫煙等の問題、宿泊客の迷惑行為等に関して苦情があり、これに対しY及び管理会社が適切な対応をとらなかったことが認められるが、これらの事実により、XY間の信頼関係が破壊されたとまでは言えない。

（更新拒絶について）

③ 　しかし、近隣からの苦情は重大であり、これに対するX及び管理会社の負担は極めて重いというべきものである一方、Yの対応は消極的かつ不十分であって、Yは近隣との紛争につき自らの責任で解決するという特約に違反しているというべきである。

④ 　Yは、旅館業を営業するに際して周辺住民に多大な迷惑を及ぼし、改善の気配がみられず、近隣住民からの苦情はその後になっても発生していることに照らすと、契約期間の満了時点で、借地借家法28条の「正当事由」が存続してい

るというべきである。

（結論）

⑤　よってＸの更新拒絶により、本件契約は終了したものというべきである。

○本事例を検討する際の留意点

　上記判決からすれば、本事例においては、迷惑行為の状況や将来的な改善の可能性などについて、事実関係を踏まえて確認のうえ、対応を検討することが大切です。

　上記判決の事案のように、賃借人による改善の可能性が低く、仮に契約を更新した場合、近隣迷惑行為とこれに対する苦情の状況が継続すると考えられるときには、信頼関係の破壊とまでは認められずに契約の解除が困難であっても、更新拒絶の正当事由が認められる場合があることに留意する必要があります。

○本事例及び上記判決から学ぶこと

　上記判決の事案は、賃借人の簡易宿泊所営業に伴う近隣トラブルが多発し、その対応が不十分であったケースですが、このような継続的な契約違反行為については、将来的な改善の見込みがポイントとなります。すなわち、苦情等の状況のみからは信頼関係の破壊とまでは認められずに契約の解除が困難な場合であっても、迷惑行為の状態が継続し改善の気配がない（更新を認めた場合、その状況が続く可能性が高い）場合には、更新拒絶が認められる可能性があります。

　管理業者は、賃借人に契約違反行為等があった場合で、改善の見込みがなく賃貸人が契約終了を考えているようなときは、契約解除を選択するか、更新拒絶を選択するか、個別事情に応じ、必要に応じ弁護士等にも相談しながら、適切な方法を助言することが大切でしょう。

賃借人に未払更新料・差額賃料・償却済保証金の補填を求めたい。

私は、賃貸中の建物を譲り受けた者ですが、賃借人が前所有者に支払わなかった賃料や更新料、増額された賃料と従前賃料との差額、契約更新時に償却された保証金の再交付を賃借人に求めたい。 （賃貸人／法人）

■ **関連裁判例の紹介** ▷▷▷▷

本事例を検討するに当たっては、平成30年1月30日東京地裁判決が参考となります。

【上記判決の概要】
● **事案の概要** ●

（X：賃貸人（現建物所有者）　Y：賃借人　A：前賃貸人（前建物所有者））

平成18年7月、建物所有者Aと賃借人Yは、以下の内容で事業用建物賃貸借契約（本件契約）を締結した。

・期間：平成18年7月8日から平成20年7月7日まで
・月額賃料：202,776円（税込）
・保証金：1,931,200円
・保証金の償却：契約更新時ごとに20％。なお、保証金が償却された場合は、償却時から10日以内に償却分を補填しなければならない。
・更新料：賃貸人と賃借人は、協議のうえ本契約を更新することができ、本契約が更新される場合には、賃借人は賃貸人に対し、新賃料の1か月分の更新料を支払う。
・賃料改定：租税負担の増減等により賃料が不相当になった場合、契約期間中であっても協議の上、賃料を改定できる
・賃借人要望のトイレ等の改修工事終了の翌月以降は、賃料を10％増額し、保証金は1,911,888円に変更する。

平成20年7月に本件契約は法定更新された。

平成27年4月、Aは本件建物をXに譲渡し、本契約の賃貸人の地位を引継ぐとともに、保証金全額を承継した。

Xは、Yに対して、Xへの賃貸人変更の連絡と併せて、未払更新料・増額分賃料の支払いと保証金の補填を求める通知書を送付したが、Yはこれに応じなかった。

そこで、XがYに対し、上記金員の支払いを請求したのが本事案である。

●相手方（Y）の言い分●

　これに対しYは、Xの主張する金員の未払い等は存在しないから、Xの請求には理由がないと主張している。

●裁判所の判断●

　裁判所は概ね次のように判断し、Xの請求を棄却しました。

（差額賃料債権等の譲渡について）

①　既発生の未払賃料及び更新料の請求権は、賃貸人たる地位の移転に伴い当然に新賃貸人に移転するものではなく、別途、債権譲渡の合意が必要である。本件では、差額賃料や更新料の請求権がAからXに譲渡されたとは認められず、かえって、本件建物の譲渡直後にYに送付した通知書中には、Aが差額賃料を受領する権利を留保する旨の記載すらある。したがって、差額賃料及び更新料の請求権をAがXに譲渡したとは認められず、その請求権が発生したか否かを検討するまでもなく、Xの主張は理由がない。

（増額賃料の請求権について）

②　契約書には賃料増額の根拠が記載されているが、その時期の特定はなく、いわゆる自動増額特約のような内容の明確性を備えていないし、仮にトイレ等の改修工事が実際に完了していたとしても、賃貸人と賃借人の協議なしに賃料の増額ができる趣旨とは解しがたいところである。本件では、そのような協議がなされた事実は認められないし、AがYに対し増額された賃料を請求した形跡も、Yがこれを支払った形跡もない。よって、差額賃料に係るXの請求には理由がない。

（更新料の請求権について）

③　更新料については、契約書では「協議の上、本契約を更新することができる。」とされ、「本契約が更新される場合には、更新料を支払わなければならない。」とされているのであるから、ここでいう更新料は、合意更新を前提とすると解するのが相当である。実質的にも、更新料は、合意更新された期間内は賃貸借契約を存続させることができるという利益の対価の趣旨を含むところ、法定更新の場合にかかる対価を支払う理由はない。そして、平成20年7月の法定更新後は、本件契約は期間の定めのない賃貸借契約となっているから（借地借家法26条1項）、それ以降はそもそも更新を観念できず、更新料発生の余地はない。よって、更新料に係るXの請求には理由がない。

（保証金の補填について）

④　建物賃貸借契約において、建物の所有権移転に伴い賃貸人たる地位に承継があった場合には、旧賃貸人に差入れられた敷金は、未払賃料があればこれに当然充当され、残額についてその権利義務関係が新賃貸人に承継されると解される※。本契約における保証金も、敷金と同様に本契約から生じる債務の担保と

して預託されるものであるから、AからYに承継されたものといえ、このことはAも認めている。

　しかし、AがYに対し保証金償却分について補塡を求めた事実は窺えず、本件建物をXに譲渡した後も、AはYに対し、預託された保証金をそのままXに承継した旨を述べており、仮に償却分の補塡義務があるとしても、補塡を求める権利はXには承継されていないというべきである。

○本事例を検討する際の留意点

　上記判決からすれば、本事例においては、賃貸人の地位を承継する前に発生した未払賃料等については債権譲渡の手続きがなされているか、相談者が改めて賃借人に対し賃料増額の手続きを行ったのか、更新料支払い義務や保証金の補塡義務が発生していたといえるかなどについて、事実関係を踏まえて確認のうえ、対応を検討することが大切です。

○本事例及び上記判決から学ぶこと

　賃貸物件の売買等により賃貸に供されている建物の所有権が移転する場合、それに伴い賃貸人の地位も承継されますが、既に発生済みの債権（未払賃料等）については、個別に債権譲渡の手続きをする必要があります。

　宅建業者・宅建士は、賃貸物件の売買に関与する際には、賃料等の延滞がある場合にはその取扱いについて売買契約書等で明確にし、債権を譲渡するのであれば、賃借人にその旨通知を行うことが必要です。また、賃貸借契約書についても、更新料や保証金償却などの取扱いなどに関して当事者間で解釈に違いが生じないような内容とすることが大切でしょう。

　※なお、令和3年4月1日施行の改正民法では、賃貸人の地位の承継に伴い、敷金返還債務も賃貸人に承継される旨規定されています（民法605条の2・4項）

賃借人が過去2回分の更新料を支払わないため、賃貸借契約を解除したい。

所有する建物の賃借人が、賃貸借契約における2回の更新時期に更新料を支払いません。賃借人に対し、未払更新料の支払及び建物の明渡しを求めたい。

(賃貸人／法人)

関連裁判例の紹介

本事例を検討するに当たっては、平成29年9月28日東京地裁判決が参考となります。

【上記判決の概要】
●事案の概要●
(X:賃貸人　Y:賃借人)

平成24年11月、賃貸人Xは、賃借人Y（個人）との間で下記内容の建物賃貸借契約（本件契約）を締結し、本件建物を引き渡した。

- ・月額賃料：5万6,000円
- ・賃貸期間：2年間
- ・特約：当事者協議の上、更新後の賃料の1か月分をYからXに支払うことにより本件賃貸借契約を更新できる（更新特約）。

平成26年10月、XはY宛てに「本件契約を更新するか否か。更新の場合には、YはXに対し、更新後の月額賃料1か月分（5万3,700円）の更新料（第1回更新料）を支払う必要がある」と記載した第1回更新に関する連絡書を送付した。同連絡書について、YはXに本件契約の更新を希望する旨の通知を行った。

そこでXは、Yに対して、再三にわたり第1回更新料の支払いとYの賃料債務等の第三者への保証の委託（賃料等保証委託）を要請したが、Yが対応しないことから、平成27年3月、第1回更新料の支払及び賃料等保証委託を同年4月末日までに行うよう催告する旨の通知書をYに送付した。

平成28年10月、同年11月の本件契約の第2回更新時期に先立って、XはYに対し「再三の催告にもかかわらず、第1回更新料の支払いと保証委託手続が未了であるため、X・Y間の信頼関係は既に破壊されており、本件契約の継続は不可能である。第1回更新料に加え第2回更新料（5万3,700円）を合わせて支払うとともに、賃料等保証委託をしない限り更新するともりはない。これら所要の手続をしない場合には本件契約は終了し、本件建物から退去してもらう」との通知書を送付した。

しかし、この後もYによる更新料の支払い等がなかったことから、平成29年6月、XがYに対し、本件更新料の不払い等を理由とする本件契約の解除と本件建物の明渡し及び未払いの更新料10万7,400円の支払を請求したのが本事案である。

●相手方（Y）の言い分●

これに対しYは、本件更新料の支払等をしないのは、Xが更新後の契約書を交付しなかったこと、本件建物の鍵を修理してくれないこと、共用部分の掃除をしてくれなかったことが原因であり、今後も更新契約書の交付がない限り、未払更新料を支払うつもりはないと主張している。また、および本件契約は法定更新となっているから、更新料の不払いは解除事由にならないとも主張している。

●裁判所の判断●

裁判所は概ね次のように判断し、Xの請求を認容しました。

（更新料の支払義務について）

① Xは、本件契約の第1回更新が更新特約に基づいて行われたとして、第1回更新料の支払をYに求め、Yも更新特約に基づいて更新を行う意思をXに表明している。また、本件契約の第2回更新時期において、Xは、本件契約が更新特約に基づいて更新されたことを前提に第2回更新料の支払をYに請求し、Yも更新料の支払債務が発生していることを前提に、Xの対応が改善されない限り、同債務を履行しない旨の意思を表明している。したがって本件契約は、第1回、第2回の各更新時期において、更新特約に基づいて更新されたというべきであるから、YはXに対し、更新特約に基づく更新料10万7,400円を支払う義務を負う。

（債務不履行解除について）

② Yは、第1回更新料については口頭弁論終結時までの2年9か月間、第2回更新料については9か月間、その支払い義務を履行していない。

Yは、本件更新料を支払わない理由を縷々述べて、XがYの要求に応じない限り、今後も本件更新料を支払う意思はない旨を明言するが、XがYの要求に応じることは更新料支払義務の発生条件にも履行条件にもなっていないのであるから、Yにおいて本件更新料を支払わなくてもよいとする法的な根拠はない。

③ 本件更新料の不払の期間は相当長期に及んでおり、不払いの額も少額では無く、Yが合理的な理由なく本件更新料の不払いをしており、当該不払が解消される見込みは低く、X・Y間の協議ではその解消も期待できないなどの事情に照らすと、本件更新料の不払は、本件契約の当事者の信頼関係を失わせるに足る程度の著しい背信行為であるということができる。

（本件建物の明渡しについて）

④　本件更新料の不払いは無催告解除の原因となるから、Ｘの本件契約解除の意思表示がＹに到達したことにより、本件賃貸借契約は終了し、ＹはＸに対し本件建物を明け渡す義務を負う。

○本事例を検討する際の留意点

　上記判決からすれば、本事例においては、賃貸借契約書中に更新時の手続きや更新料特約が明確に定められているか、相談者が当該契約条項に基づく手続きを履践しているかなどについて、事実関係を踏まえて確認のうえ、対応を検討することが大切です。

○本事例及び上記判決から学ぶこと

　上記判決では、有効な更新料の定め（契約書に一義的かつ具体的な規定があり、額が高額すぎないといった要件を満たす必要があります）がある場合で、賃借人が合理的理由なく長期にわたって更新料を支払わず、今後もその解消が期待できない事情においては、当該不払いは賃貸借契約の解除事由となるとしています。

　また、法定更新か合意更新かによって、後の更新料の支払い義務には違いが生じますが（法定更新後は期間の定めのない契約となって、それ以降は「更新」はない）、期間満了時に法定更新となったのか、合意更新となったかに関しては、更新に際しての具体的な手続きや当事者の対応によって判断が分かれる可能性があります。

　管理業者は、契約更新時の手続きについて、契約に定めた内容に則した手続きを確実に行うとともに、有効な更新料の支払いの取り決めがある場合には、賃借人に適切に支払いを求めることが大切でしょう。

Q㉛ 転貸可能なアパートの賃貸借について、民泊は目的外使用なので、契約の解除及び建物の明渡しを求めたい。

　私は建物の賃貸経営をしています。建物使用目的を住居とし転貸を可能として賃貸借契約をしていた賃借人が、私の承諾なく民泊に使用していました。これは、賃貸借契約の使用目的に反し、賃貸人との間の信頼関係を破壊したことになるので、賃借人に契約の解除及び建物の明渡しを求めたい。

（賃貸人／法人）

▎関連裁判例の紹介 ▷▷▷▷▷▷

　本事例を検討するに当たっては、平成31年4月25日東京地裁判決が参考となります。

【上記判決の概要】

●事案の概要●

（Ｘ：賃貸人　Ｙ：賃借人）

　平成27年4月、賃貸人Ｘは、賃借人Ｙとの間で、アパートの居室1及び2（本件貸室）について、以下の条件で賃貸借契約（本件契約）を締結した。

> ・居室1：月額4万円
> 　居室2：月額3万5,000円
> ・Ｙは、本件建物を住居以外の使用目的で使用してはならない。
> ・Ｘは、Ｙが本件建物を転貸することを承諾する。

　平成27年秋頃から、Ｙは本件建物を民泊利用するようになり、民泊利用者とアパートの他の住人や近隣住民との間で「民泊利用者が誤って別の部屋に入ろうとする」、「建物内で大声を話す」、「ゴミ出しのルールを守らない」などのトラブルが生じるようになった。

　上の階の住人から苦情が寄せられ、また清掃事務所の指導員からゴミ出しの方法について指導を受けたこともあり、ＸはＹに対し、再三にわたり民泊利用していないか問い質したが、Ｙはこれを認めようとしなかった。

　またＸは、保健所から宿泊営業をしているのではないかとの情報確認を求められ、保健所に赴き状況を説明するなどしたが、保健所からＹに連絡しても、Ｙは民泊利用を認めようとはしなかった。

　平成28年11月、ＸはＹに対し、民泊は目的外使用であり、他の賃借人にも迷惑をかけているとして、平成29年4月9日限りでの本件契約を終了する通知をした。

当該通知に対して、Yから、本件契約を更新して本件建物を継続使用したいと申し出があったことから、Xは更新条件として、「賃料の増額・転貸禁止等の条件を新たに加えること」をYに伝えた。しかし、YはXに、それらの条件変更は受け入れられないと回答した。

平成29年4月、XはYに対し、本件契約を更新せずに終了する旨を改めて通知したが、Yはすでに民泊利用を中止しているとして、契約の継続を主張した。

そこで平成29年5月、Xが、「使用目的が住居に限定されているにもかかわらず民泊として使用し、不特定多数の者を宿泊させたことは、信頼関係の破壊にあたる。現在民泊利用は中止しているとしても、破壊された信頼関係が回復することはない。」と主張して、本件契約を解除し、Yに対し本件貸室の明渡し等を請求したのが本事案である。

● 相手方（Y）の言い分 ●

これに対しYは、本件契約において転貸が可能とされていた以上、使用目的を自らの住居としての使用に限る理由はなく、民泊としての利用も可能と解されると主張している。

● 裁判所の判断 ●

裁判所は概ね次のように判断し、Xの請求を認容しました。

（転貸可能条項と民泊の関係について）

① 本件契約には転貸を可能とする特約が付されているが、他方で、本件貸室の使用目的は、原則としてYの住居としての使用に限られており、上記特約に従って本件貸室を転貸した場合には、転借人は本件貸室を住居として使用することが基本的に想定されていたものと認められる。

② 特定の者がある程度まとまった期間使用する「住居使用」の場合と、1泊単位で不特定の者が入れ替わり使用する「宿泊使用」の場合とでは、使用者の意識等の面からみても、自ずからその使用の態様に差異が生ずることは避けがたいというべきであり、本件契約が転貸可能とされていたからといって、そのことから直ちに民泊としての利用も可能とされていたとはいえない。

（債務不履行解除について）

③ 現に、アパートの他の住民からは苦情の声が上がっており、ゴミ出しの方法を巡ってトラブルが生ずるなどしていたのであり、民泊としての利用は、本件契約との関係では、その使用目的に反し、賃貸人であるXとの間の信頼関係を破壊する行為であったと言わざるを得ない。

④ Xの本件賃貸借契約の解除は、本件貸室をYが民泊として供したことを理由とする債務不履行解除として有効と解すべきであり、YはXに対し、本件契約の終了に基づき本件貸室を明け渡す義務を免れない。

○本事例を検討する際の留意点

　上記判決からすれば、本事例においては、賃貸借契約上転貸が可能であるとされていたとしても、民泊として使用することまでは許容されているとは解されないことを前提に、その他の条件等において民泊利用が可能であると解釈できるかなどについて、事実関係を踏まえて確認のうえ、対応を検討することが大切です。

○本事例及び上記判決から学ぶこと

　集合住宅における民泊利用は、他の住民等の間でトラブルになることが多く、本件でも、民泊利用者が別の部屋に入ろうとしたり、ゴミ出しや騒音などのトラブルが生じていました。

　上記判決の事案では、賃借人は、「転貸可能であるから民泊利用も可能である」と主張していますが、転貸が可能であるからといって直ちに民泊利用が可能とされることにはなりません。

　宅建業者・宅建士は、賃借人が民泊利用を予定している場合には、それが可能かを賃貸人に確認のうえ、契約の可否を検討することが必要です。

　また、管理業者は、契約上認められていない民泊利用は賃借人の用法遵守違反であることを前提に、当該利用の停止を求め、賃借人がこれに応じないときは、賃貸借契約を解除することも賃貸人に助言することが大切でしょう。

Q32 賃借人が貸室を「ゴミ屋敷」にして異臭を発生させる等の迷惑行為があったので、貸室等の明渡しを求めたい。

　当社はマンションの賃貸人ですが、賃借人が長年貸室内を「ゴミ屋敷」状態にして異臭を発生させ、また火災警報器の復旧や漏水調査に応じません。賃貸借契約を解除し、建物や駐車場の明渡し等を求めたい。　　　　（賃貸人／法人）

■ 関連裁判例の紹介 ▷▷▷▷▷▷

　本事例を検討するに当たっては、令和元年9月27日東京地裁判決が参考となります。

【上記判決の概要】

●事案の概要●

（X：賃貸人　Y：賃借人）

　X（法人）は、平成21年6月17日に賃貸マンション1棟を購入し、建物賃貸借契約及び駐車場賃貸借契約上の賃貸人の地位を承継した。

　建物賃貸借契約の更新時の平成23年3月31日、Xと本件マンションの8階一室（本件貸室）と駐車場を賃借していたY（個人）は、平成19年3月26日付賃貸借契約書の建物保全に害となる行為や入居者の迷惑となるような行為等の禁止条項を厳守する旨を確認した。

　平成25年2月頃、本件マンションの管理会社は、本件マンション居住者から、Yが夜間に共用廊下に座り込んだり、本件貸室内から異臭がでるほどゴミを放置しているとの苦情を受け、これらの行為をやめるようYに要請し、Yと確約書を取り交わしたが、その後も状況は改善しなかった。また、平成29年7月には、本件貸室内の火災警報器が断線表示となったことから、取り付けを行う旨伝えたが、Yはこれに応じなかった。後日、8階で火災警報器が鳴動したため、警備会社や消防署員らが本件貸室内を確認したところ、玄関から2メートル近くゴミ等が積まれ入室できず、火災警報器が復旧できなかったため、本件貸室を含む8階の複数の貸室が未警戒状態となった。

　平成29年5月31日、管理会社はYに対し、本件駐車場を閉鎖する旨通知し、同年8月31日、XはYに対し駐車場契約を解約する旨通知したが、Yは引き続き自動車を停めていた。

　平成30年3月、Xは、Yに対し、本件貸室内に大量のゴミを放置して片付けないこと、火災警報器点検を行えないこと等を指摘した上で清掃を要請し、これに応じない場合は建物賃貸借契約を解除する意向である旨を通知した。その後も何

度か書面で連絡したが、Yからの返答がなかったため、同年5月、Xは建物賃貸借契約を解除する旨の意思表示をした。

　以上のような経緯のもと、Xが、Yの禁止行為違反により、建物賃貸借契約を解除し、また、駐車場契約を合意解約したとして、Yに対し、本件貸室及び本件駐車場の明渡し並びに各明渡しまでの賃料相当損害金を請求したのが本事案である。

　なお、裁判では、平成30年12月に本件貸室の真下の貸室に漏水が発生し、水道業者から本件貸室が原因との報告を受けた管理会社が、Yに漏水調査を要請したが拒否されたこと、その後も漏水被害が続いたため、X代理人弁護士と管理会社が本件貸室のパイプスペースから水道メーターを取り外したところ、漏水は止まったことが認定されている。

●相手方（Y）の言い分●

　これに対しYは、賃料の支払いは怠ったことはなく、本件建物賃貸借契約の解除事由は存在しないと主張している。

●裁判所の判断●

　裁判所は概ね次のように判断し、Xの請求を認容しました。

（契約解除事由について）

① 　本件貸室には窓ガラスが割れるほど荷物やゴミが放置されており、これによって本件貸室内の火災警報器を十分に調査することができず、その不具合が解消されないため、本件マンション8階警戒区域は、火災警報器が機能していないという危険な状態にあることが認められる。

　さらに、本件貸室の真下の貸室の漏水の際も、本件貸室の中に入室できる状態ではなく、裁判中で部屋の中は見せられない等という不合理な理由で、漏水調査を拒否し続けている。

　このようなYの行為は、建物賃貸借契約に定めている禁止行為（建物保全の害となる行為や他入居者の迷惑となるような行為その他賃貸人に損害を及ぼすおそれのある行為）に該当することから、建物賃貸借契約の解除事由は認められる。

（信頼関係破壊について）

② 　Yは、当事者尋問において、本件貸室内の荷物は片付けられる量ではなく、割れた窓ガラスも直さないと述べ、従前から同様の考えであったものと解される。また夜間、廊下に椅子を出して座り、音楽を聞くなどしているが、管理会社から文書で注意されても、注意されているという認識すら持っていなかったことが認められる。Yの行為やこれらの事情を踏まえれば、いかにYが賃料を支払い続けているといっても、XとYとの間の信頼関係が破壊されない特別な

事情があるとは認められないというべきである。
（駐車場契約について）
③　また、ＸとＹは、平成29年8月31日をもって駐車場賃貸借契約を解約する旨
　合意したことが認められ、Ｙが明渡しを猶予されているとは認められない。
（結論）
④　よって、Ｙの契約違反等による解除等を根拠とするＸの請求には理由があ
　る。

○本事例を検討する際の留意点

　上記判決からすれば、本事例においては、「ゴミ屋敷」状態にして異臭を発生
させていること、火災警報器の復旧や漏水調査に応じないことなどについて、事
実関係を踏まえ確認し、その証明手段の有無等も確認のうえ、対応を検討するこ
とが大切です。

○本事例及び上記判決から学ぶこと

　賃借人は物件の使用に当たって善管注意義務を負っており、建物保全の害とな
る行為や他の入居者の迷惑となるような行為があった場合、その程度によっては
賃貸借契約の解除事由となります。善管注意義務の内容について、あらかじめ賃
貸借契約書に明確に定めておけば、実際に違反行為が生じたときの対応が容易と
なります。
　宅建業者・宅建士は、賃貸借契約書中の禁止行為に、近隣迷惑行為等を明確か
つ具体的に規定しておくことが大切でしょう。
　また、管理業者は、上記判決の事案のような状況に至る前に、賃借人に注意し
て改善を促すとともに、改善の見込みがないときは、同じ建物内の他の賃借人や
近隣住民との関係も考慮し、賃貸借契約の解除を賃貸人に助言することが考えら
れるでしょう。

Q33 隣室住人の騒音がうるさい。賃貸人が騒音を放置しているので損害賠償を求めたい。

私はマンションの賃借人ですが、マンション隣室からの騒音がうるさく、賃貸人は本件建物の隣室の住人が出す騒音を放置しています。これは賃貸人としての義務違反であり、これにより私は損害を被っているので、賃料債務の不存在の確認を求めたい。 (賃借人／個人)

■ 関連裁判例の紹介 ▶▷▷▷▷▷

本事例を検討するに当たっては、平成29年7月20日東京地裁判決が参考となります。

【上記判決の概要】
●事案の概要●
(X：賃借人　Y：賃貸人)

賃借人X（個人）は、賃貸人Y（個人）との間で、平成17年9月、アパートのA室（本件貸室）について、月額賃料7万3千円（管理共益費込）にて賃貸借契約（本件契約）を締結し、同年10月に引き渡しを受けた。本件賃貸借契約には、「賃借人と他の居住者その他の第三者との間に生じた損害賠償問題等については、理由の如何を問わずその当事者間で問題を解決するものとし、賃貸人は、これに関与しないものとする。」との特約が付されていた。

Xは、本件建物の隣室B室の住人より騒音被害を受けているとして、Yに苦情を申入れた。Yは管理会社等を介して、平成27年11月、同12月、平成28年3月、B室住人に静かにするよう注意をした。一方、Xは、本件建物の奥側にあるベッドの上に普通騒音計を設置し、平成28年3月から同年6月までの間、B室のドアの開閉音などを測定し、B室住人が多数回にわたり45dBから時に60dBを超えるドア音や生活音を生じさせていることを確認した。

Xは、平成28年7月分まで賃料を支払っていたが、同月25日到達の内容証明郵便によって、Yに対しB室住人の電話番号等の開示を求めるとともに、これにYが応じない場合は、翌月分以降の賃料を支払わない旨通知し、その後、Xは同年8月分以降の賃料の支払いを停止した。

以上のような経緯のもと、XがYに対し、「賃貸人は賃借人に対し静穏に居住させる義務を負い、他の賃借人が迷惑行為を行っている場合には、それをやめさせる義務がある。YがB室住人の騒音を放置したことは賃貸人の債務不履行であり、賃貸借契約は双務契約である以上、Yが当該債務の履行を提供するまでXは賃料の支払義務を負わない。」等と主張して、慰謝料及びXが騒音被害を被った

平成27年11月から平成28年7月までの賃料相当額の合計215万円余の損害賠償を請求するとともに、平成28年8月分から10月分までの賃料債務の不存在の確認を求めたのが本事案である。（なお、B室住人は平成28年11月以降に退去している。）

● 相手方（Y）の言い分 ●
　これに対しYは、Xが測定した簡易騒音計を購入しXと同様にB室で測定したところ、ドアを閉めた際の音は49dB以下となっており、Xが主張するような大きな騒音があったのかは疑問であると主張している。

● 裁判所の判断 ●
　裁判所は概ね次のように判断し、Xの請求を棄却しました。
（賃貸人の義務について）
① 　賃貸人は賃借人に対し、貸室の引渡し後においても、賃借人の貸室の使用収益に支障が生じない状態を維持すべき義務を負う。そして、隣室等から生じる騒音が、発生時間や程度、頻度等に鑑み、賃借人の受忍限度を超えて貸室の使用収益に支障を来しているにもかかわらず、賃貸人が、これに対して講ずべき措置（当該隣室等が賃貸人の賃貸物件である場合には、用法義務違反等を理由とする解除等もあり得る。）を怠ったと評価できる場合には、貸室を使用収益させる義務を怠ったものとして、賃借人に対する債務不履行を構成するものと解される。
（騒音の程度について）
② 　本事案では、Xの測定によれば、騒音の程度はXに相当な心理的負担になったことは否定できないが、Xの測定した数値の正確性については疑問が残る。
　　B室住人の発した音は、一般的な生活音である上に、いずれも単発や長いものでも20秒程度とその発生時間も極めて短時間であるし、同一日に複数回騒音が発生することがあったものの、一定の時間に集中しており、継続的に騒音が発生しているというわけでもない。
　　加えて、Xの測定方法は、B室で最も大きな音が生じていたと推認できるドアやキッチン等から界壁を隔てて隣接して設置しているXのベッド上において行ったものであることから、必然的に計測される音量は大きくなると推認でき、Xの生活圏である本件貸室全体での音量とは認められない。
③ 　これらの事実に加え、B室の隣室C室の住人は、ドアの開閉音などの騒音や衝撃音は感じなかったとする陳述書を提出していること、XがB室からの騒音が聞こえるようになった後にベッド等の位置を変更するなどの対策を講じていないことからすると、Xが主張する音が通常人をして耐え難いものであり通常生活する範囲において受忍すべき限度を超えるものとまでは認められない。
（結論）

④ 以上のとおり、Ｂ室住人の発した騒音が受忍限度を超えているとは認められないことから、ＹにはＸに対し本件貸室を使用収益させる義務違反があったとは認められず、Ｘの請求には理由がない。

○本事例を検討する際の留意点

上記判決からすれば、本事例においては、隣室等から生じる騒音が、発生時間や程度、頻度等に鑑み、賃借人の受忍限度を超えて貸室の使用収益に支障を来したと評価できる状況にあるかなどについて、事実関係を踏まえて確認のうえ、対応を検討することが大切です。

○本事例及び上記判決から学ぶこと

賃貸借契約上、賃貸人には、賃借人による建物の使用収益に支障が生じない状態を維持すべき義務を負います。上記判決が述べているとおり、隣室等から生じる騒音についても、発生時間や程度、頻度等に鑑み、賃借人の受忍限度を超えて貸室の使用収益に支障を来したにもかかわらず、賃貸人が、これに対して講ずべき措置（用法義務違反等を理由とする解除等）を怠ったと評価できる場合には、賃借人に対する債務不履行を構成するものと解されます。

上記判決の事案では、騒音の程度が受忍限度を超えていないとして賃貸人の上記措置を講ずべき義務の存在を否定しましたが、管理業者においては、騒音等の程度をしっかりと確認のうえ、それが受忍限度を超えていると評価できるにもかかわらず適切な対応が取られないような場合には、当該迷惑行為をしている賃借人との間の賃貸借契約の解除等を、賃貸人に助言することが考えられるでしょう。

Q³⁴ 私書箱業を営む賃借人の私書箱が、振り込め詐欺に利用され、賃借人に契約解除と建物の明渡しを求めたい。

　　所有する賃貸ビルの賃借人が、貸室内で私設の私書箱業を営んでいたところ、振り込め詐欺の送金先に利用されたことが判明しました。賃貸借契約上の用法義務違反を理由として、契約を解除し建物の明渡しを請求したい。

（賃貸人／法人）

■関連裁判例の紹介▶ ⟫⟫⟫⟫⟫⟫⟫

　　本事例を検討するに当たっては、平成27年10月15日東京地裁判決が参考となります。

【上記判決の概要】
（X：賃貸人　Y：賃借人　A：前賃貸人）
●事案の概要●

　　平成10年ごろ、賃借人Y（法人）は、ビルの1階に位置する本件貸室を前所有者Aより賃借し、平成24年3月、YとAは、下記内容にて本件貸室の賃貸借契約（本件契約）を更新した。

①用途：事務所（私書箱センター）

②期間：更新日より2年間

③賃料：月額16万円

④無催告解除事由

　　・賃借人又はその使用人が本物件内の共同生活の秩序を著しく乱すものと認められる場合

　　・賃借人又はその使用人に警察の介入を生じさせる行為があった場合

　　・賃借人又はその使用人に近隣居住者の平穏を害するおそれのある行為があった場合

　　Yは、平成10年頃から私書箱営業を営んでいたところ、警察による振り込め詐欺事件の捜査過程において、被害者の現金送付先として本件貸室における私書箱が利用されていることが判明し、Yについて犯罪収益移転防止法に定める本人確認等の義務違反が認められた。

　　平成23年3月付の国家公安委員会からの意見陳述を受け、経済産業省が立入検査を行った結果、Yについて犯罪収益移転防止法違反行為が認められたことから、経済産業省は、平成24年1月付で、Yに対し是正命令を行った。

　本件貸室は、是正命令後も振り込め詐欺の送金先として利用されていたため、警察庁は、平成25年12月、振り込め詐欺等で使用された住所一覧の中で本件貸室の住所をインターネット上で公表した。(平成27年5月時点においても、本件貸室は掲示されている。)

　平成26年2月、賃貸人XはAよりこのビルを買い受け、AのYに対する賃貸人の地位を承継した。平成26年3月、本件契約は法定更新された。

　平成26年11月、Xが、本件貸室で営む私書箱が振り込め詐欺の送金先として利用されていることは本件契約上の用法義務違反及び無催告解除事由に該当するとして、Yに対し本件契約の解除及び本件貸室の明渡しを請求したのが本事案である。

●相手方(Y)の言い分●

　これに対しYは、私書箱利用者の身分確認の徹底や、ホームページ上での申込用紙の非公表等の犯罪目的での利用防止方策を実施していると主張している。

●裁判所の判断●

　裁判所は概ね次のように判断し、Xの請求を認容しました。

(契約解除事由・信頼関係破壊について)

①　振り込め詐欺の送金先として利用されることが本件建物の賃貸用建物としての信用を失墜させるものであることに照らすと、Yには、本件貸室を振り込め詐欺の送金先として利用されなくするための有効な方策を実施することが求められるが、Yが主張する各種方策は、有効な方策と認めるに足りない。

②　Xが本件契約を解除するとの意思表示をした平成26年9月までの間、本件貸室が振り込め詐欺の送金先として利用されたことは、Yにおいて犯罪収益移転防止法に対する遵守意識が低く、その後も有効な方策が採られなかったことが原因であるということができる。

③　また、本件建物が賃貸用の収益不動産であることに照らすと、本件貸室が振り込め詐欺の送金先として利用され、そのことが警察庁のホームページで公表されていることは、本件建物の信用、価値を著しく低下させるものであり、XとY間の信頼関係は破壊されていたということができる。

(無催告解除について)

④　本件貸室が振り込め詐欺の送金先として利用されたことは、本件建物内の共同生活の秩序を著しく乱すものであり、催告をせずに本件契約を解除することが不合理であるとは認められないから、無催告解除事由に該当するものと認められる。

(結論)

⑤　よって、債務不履行解除に基づきYの明渡しを求めるXの請求には理由があ

る。

○本事例を検討する際の留意点
　上記判決からすれば、本事例においては、賃借人が私書箱を犯罪行為に利用されないための有効な方策をとっていたか、相談者からの注意等に対し適切な対応をとっていたかなどについて、事実関係を踏まえて確認のうえ、対応を検討することが大切です。

○本事例及び上記判決から学ぶこと
　賃貸建物が犯罪行為に利用された場合、建物としての信用、価値を低下させることになりますので、当該行為を認識した場合には、管理業者は、直ちにやめる（犯罪行為に利用されないような措置をとる）よう警告するとともに、改善等がなされないときは、上記判決のように、最終的には賃貸借契約の解除等の対応を賃貸人に助言することが考えられます。

Q35 承諾なしに部屋を細分化し、シェアハウスとした賃借人との契約を解除したい。

建物（6部屋）の賃貸借契約を締結した賃借人が、無断で本件建物を16部屋に細分化し、シェアハウスとして不特定多数人に転貸したことが判明しました。契約を解除するとともに本件建物の明渡しを求めたい。（賃貸人／法人）

■関連裁判例の紹介■

本事例を検討するに当たっては、平成28年12月19日東京地裁判決が参考となります。

【上記判決の概要】

●事案の概要●

（X：賃貸人　Y：賃借人）

平成21年12月25日、賃貸人Xは、所有する本件建物（1階：2部屋、2階：4部屋、各階50㎡程度）につき、賃借人Yとの間で、賃料月額25万8,000円、契約期間2年とする賃貸借契約（本件契約）を締結し、本件建物を引き渡した。その後、本件契約は平成23年11月29日に更新された。

本契約書では、入居者は、Yの代表者、その妻及びYの社員の計6名とし、同居人が入れ替わるときはYは速やかにXに通知すること（平成23年11月の更新時に、「入居者については、Yが転貸する賃貸借契約を交わした者のみとし、入居者が入れ替わるときは、速やかにXに通知し、賃貸借契約書の控えをXに提出する。」と変更された。）、本件契約が終了（解除された場合を含む）したにもかかわらずYが本件建物の明渡しを遅延した場合は、賃料の倍額に相当する損害金をXに支払うことなどが規定されている。

Yは、本件賃貸借契約締結後まもなく、本件建物を16部屋（1階6部屋、2階10部屋）に細分化する工事を行い、本件建物の各部屋をシェアハウスとして広告し、不特定多数の者に転貸した。

XはYに対し、Yの利用状況は明らかな用法違反であり、XとYとの間の信頼関係は破壊されたとして、平成26年6月20日到達の書面により、同月末日をもって本件契約を解除する旨の意思表示をした。

しかしYが本件建物を明け渡さなかったことから、Xが、Y及びYの転借人に対して、本件建物の明渡しと、契約解除の翌日以降の賃料倍額相当の損害金等を請求したのが本事案である。

●相手方（Y）の言い分●

これに対しYは、本件契約の当初から、本件建物をシェアハウスとして利用することがXとYとの間で合意されていたこと、Yの間仕切り等の設置工事に関してXから抗議等は一切なかったこと、Xはその使用形態を承諾して平成23年11月の更新契約の締結に応じていたことから、Yには本件契約上の用法遵守義務違反はないなどと主張している。

●裁判所の判断●

裁判所は概ね次のように判断し、Xの請求を一部認容しました。

（シェアハウス利用の合意について）

① Yは、本件契約締結当初から、本件建物をシェアハウスとして利用することがXとYとの間で合意されていた旨主張するが、契約の内容や、Yが裁判所に提出した各証拠に照らしても、その事実を認めることはできない。

（転貸の承諾とシェアハウス利用について）

② Yは、平成23年11月29日に本件建物の使用形態を承諾してXは本件契約の更新に応じた旨主張する。たしかに更新時において、当初の本件賃貸借契約書に存在した転貸借禁止の規定が削除されたことが認められ、Xが本件建物の転貸を許容したとはいえるものの、本件建物を細分化した上シェアハウスとして不特定多数人に転貸することまで許容したものとはいい難い。

（契約解除事由・信頼関係破壊について）

③ Yは、契約締結後まもなく、本件契約に違反し、本件建物を細分化する工事を行った上、シェアハウスとして不特定多数人に本件建物の各部屋を転貸したことが認められるが、その時期及び態様に照らせば、Yのこれらの行為がXとYとの間の信頼関係を破壊するものであることは明らかというべきである。

（結論）

④ 以上により、Yの用法遵守義務違反による契約解除に基づくXの請求は理由がある。

○本事例を検討する際の留意点

上記判決からすれば、本事例においては、契約書中にシェアハウスとしての利用を許容するような条項がないか、シェアハウス利用を相談者が認識して以降、賃借人に対しどのような対応をしてきたか（シェアハウスとしての利用を承諾したと評価されるような行為はなかったか）などについて、事実関係を踏まえて確認のうえ、対応を検討することが大切です。

なお、上記判決で述べているように、仮に転貸借を許容していたとしても、シェアハウスとしての利用まで認めたものとは直ちには評価されないことに留意する必要があります。

○本事例及び上記判決から学ぶこと

　宅建業者・宅建士は、契約時において、賃借人の物件の利用目的等をしっかりと確認し、目的外使用の禁止や当該禁止行為違反の場合の解除等の規定などを設けることが大切です。

　また、シェアハウスとしての利用が認められていないにもかかわらず当該利用をした賃借人に対しては、これを放置していると賃貸人が当該利用について黙示の承諾を与えたと評価される可能性があります。さらに、間仕切りの設置は、建築基準法・消防法等に抵触し、防災上の問題が生じることも懸念されます。

　したがって、管理業者は、契約上認められていないシェアハウスとしての利用の事実を確認した場合には、直ちにやめるよう賃借人に警告し、それに応じないときは賃貸借契約の解除などを賃貸人に助言することが考えられるでしょう。

Q³⁶ 賃貸人の上階からの漏水対応が不十分なので、損害賠償を求めたい。

　私はアパートの賃借人ですが、上階の賃借人が漏水事故をおこしたにもかかわらず、賃貸人は適切な対応をしませんでした。これは、使用収益義務や修繕義務の不履行に当たると考えられるため、賃貸人に対し損害賠償の支払いと、退去後の過払賃料及び契約の定めによって償却された敷金の返還を求めたい。

(賃借人／個人)

■関連裁判例の紹介 ▷▷▷▷▷▷▷▷▷▷

　本事例を検討するに当たっては、令和2年3月24日東京地裁判決が参考となります。

【上記判決の概要】

● 事案の概要 ●

(X：賃借人　Y：賃貸人　A：Xの上階の賃借人)

　平成27年2月、賃借人X（個人）と賃貸人Y（個人）は、アパート1室（本件貸室）の賃貸借契約（本件契約）を締結し、Xは、同年3月から居住を開始した。本件契約書には、「敷金10万6,000円（賃料2か月分）」、「ペット（小型犬1匹）の飼育は可能」、「ペット飼育可能な契約のため、退去時に敷金全額を償却する」などの特約記載があり、Xは、犬を1匹飼育していた。

　平成27年7月、本件貸室の天井から漏水があり、玄関周辺に大量の水が溜まっていたため、XがYに連絡をし、Yが上階貸室の賃借人Aに連絡をしたところ返答がなかったことから、Yが上階貸室内を確認することはできなかった。

　平成28年7月、XはYに、天井からの漏水が継続し、バケツを水受けにしている旨、同年11月にも漏水発生の旨を伝え、Yと管理会社は本件貸室内を確認した。

　平成29年1月になって、ようやくYは上階貸室の賃借人Aと連絡がとれ、同月25日に室内確認の約束を取り付けたが、結局これは実現せず、Aの連帯保証人とも連絡がとれなかった。

　その後も本件貸室で漏水が継続していたため、YはAに立入調査をする旨通知をし、平成30年10月、上階貸室内の確認をしたところ、洗濯機の脱水ホース結合部分のずれとホース自体のひびが漏水の原因であることが判明した。同年11月、YはAに対し建物の明渡し等を求め、Aは同年12月に退去した。

　Xは、平成30年10月22日までに本件貸室から引越し、平成31年3月頃、Yに鍵を返却した。

106

　以上のような経緯のもと、Xが、上階貸室からの漏水により本件貸室の使用収益が困難であったにもかかわらず、YがXに対する使用収益義務ないし修繕義務を履行しなかったとして、Yに対し、債務不履行に基づく損害賠償と、退去後の過払賃料及び敷金償却分の返還等を請求したのが本事案である。

●相手方（Y）の言い分●

　これに対しYは、第三者であるAの行為により発生した漏水を完全に防止する義務まで賃貸人が負うものではないと主張している。

●裁判所の判断●

　裁判所は概ね次のように判断し、Xの請求を一部認容しました。

（Yの義務違反について）

①　Yは、建物維持管理を適切に行い、またAに対し即座に漏水防止措置を依頼した旨主張するが、認定した事実によれば、漏水は改善されず、Yは使用収益義務ないし修繕義務を完全には履行していないものと認められる。

②　Yは、Xから漏水の申告を受けていたにもかかわらず、平成30年10月以降に至るまで上階貸室の使用状況を確認するための具体的な対応をとらなかったことが認められる。AがYからの連絡に応じず不誠実な対応をとっていたとしても、早期対応は可能であったというべきであるから、3年以上もその状態のままにしたYには債務不履行の帰責事由がある。

（賃料の過払いについて）

③　本件貸室の鍵を平成31年3月頃までXが保有していたことなどから、平成30年10月22日までにYに本件貸室を明渡し、本件契約が終了したとは認められない。よって、賃料が過払いであるとのXの請求には理由がない。

（敷金の償却について）

④　敷金償却特約は、ペット飼育による損耗の補修等に敷金を充てる趣旨と解され、月額賃料2か月分の敷金額も合理的なものであると認められる。Xは貸室を3年以上継続使用し、ペットの飼育もしていて、ペット飼育による損耗も生じていたと推測されること、敷金が漏水による損耗の補修費用に充てられていると評価することはできないことからすれば、敷金償却特約の適用を否定すべき特段の事情があるとは認められない。

（結論）

⑤　以上から、Xの請求のうち、修繕義務等違反による損害賠償請求の一部に限り※、理由がある。

　※損害賠償額については、靴のクリーニング代と本件貸室の使用が概ね3割程度阻害されたことに伴う損害（月額賃料×漏水期間39か月×3割）を認めたが、引越代や、有給休暇の取得による損害、慰謝料については認めなかった。

○本事例を検討する際の留意点

　上記判決からすれば、本事例においては、漏水に対し、賃貸人側で相当な期間内に適切な対応がなされていたか、相談者側は賃貸借契約の終了手続きをとっていたか、敷金償却に係る要件は契約書上どのように定められているかなどについて、事実関係を踏まえて確認のうえ、対応を検討することが大切です。

○本事例及び上記判決から学ぶこと

　上記判決の事案では、賃貸人による早期の漏水対応は可能であったとして、貸室使用を妨げられたことにより月額賃料の3割が損害として認められました。民法では、物件が一部滅失その他の事由により使用収益ができなくなったときは、使用収益できない部分の割合に応じて、賃料が減額される旨規定されています。管理業者は、漏水事故が生じたときは、賃借人の承諾を得て貸室内に立ち入り、早期に原因を調査して修繕を実施するなど適切な対応を取っていくことが必要です。

　また、宅建業者・宅建士も、賃貸借契約期間中には様々なトラブルが生じる可能性があることを踏まえ、賃貸借契約書中に、賃貸人や管理業者の立入りについてあらかじめ規定しておき、賃借人側が立ち入り等につき疑念を生じないようにしておくことが大切でしょう。また、賃借人からの契約終了の手続きや、敷金の取扱いなどについても明確に定めておくことが大切です。

入居した部屋から虫が大量発生し、健康被害を受けたので、賃貸人に損害賠償を求めたい。

　私はアパートの賃借人ですが、入居月から部屋に大量の虫が発生しました。また、賃貸人は私の喘息の持病を知りながら、体調に及ぼす影響等について説明もせず害虫駆除作業を行ったので、アパートを退去せざるを得えなくなりました。賃貸人に対し、損害賠償を求めたい。　　　　　　　（賃借人／個人）

関連裁判例の紹介

　本事例を検討するに当たっては、令和元年9月20日東京地裁判決が参考となります。

【上記判決の概要】

●事案の概要●

（X：賃借人　Y：賃貸人　A：害虫駆除業者）

　平成29年7月25日、賃借人X（個人）は、賃貸人Y（法人）との間で、期間：同年8月1日から平成31年7月31日、賃料：1か月5万8,000円で、本件建物の賃貸借契約（本件契約）を締結し、同年8月1日に入居した。

　同月18日、夜間に虫が大量に発生したため、同月20日の日曜日にメンテナンス業者が訪問することになった。

　同月20日昼頃、翌21日の月曜日にYは専門業者Aを伴い本件建物内を確認したが、虫は発見できず、薬剤の散布についての提案をしたが、Xから持病の喘息があるため、薬剤の散布はしないでほしいと言われた。

　同月25日、Xは、自らが捕獲した虫を保健所に調査依頼し、翌26日に保健所からシバムシであるとの連絡を受け、Yにその旨報告をした。同月27日、Xは、消費生活センターに相談をし、Yとの調整の結果、同月31日に害虫駆除作業を行うことになった。

　同月30日、Yが連絡したところ、Xから薬剤の臭いや人体への影響について質問を受け、Yは、臭いについてはほとんど感じないが個人差があり、換気を勧めた。また、人体への影響については、100％影響がないとは言えない旨伝えた。

　同月31日、Aにより、本件建物内の巾木と壁との隙間のすべてに薬剤が散布された。またその際Xは在室しており、Xは、リビングのカーペットにも薬剤を散布するようAに指示し、指示どおり散布が行われた。作業終了後、Yは、2回目の駆除作業を提案し、同年9月9日に行うことになった。

　同年9月1日、Xは、本件建物に入ったところ、身体の不調を訴え、ホテルに泊まり、同日以後、本件建物に戻ることはなく、同月6日に本件契約の解約を申し

入れた。同月9日にXの従兄弟が立会い、2回目の駆除作業を行い、同月25日に本件建物を退去した。

　以上のような経緯のもと、Xが、「①本件建物に入居した部屋から、カビを食べて増殖するチャタテムシと呼ばれる微小昆虫が大量に発生した。本件建物には、防カビ対策が不十分であるという瑕疵があった。②入居間もなく、その虫が大量に発生したため、再三の害虫駆除作業を依頼していたが、Yは、本件建物を調査せず、害虫駆除作業にも着手せず、賃貸人の義務に違反した。③Yは、平成29年8月31日に、本件建物の害虫駆除作業を行ったが、その際、持病の喘息を引き起こす可能性のある薬剤を使用し、Xは本件建物で生活することができなくなった。Yは、事前に適切な説明義務ないし持病に配慮する義務に違反した。」と主張して、Yに対し、本件賃貸借に要した費用、喘息の治療費、害虫駆除作業に伴う宿泊費、既払い賃料、退去に伴う費用、慰謝料等の損害賠償を請求したのが本事案である。

●相手方（Y）の言い分●

　これに対しYは、以下のように主張している。
①について、本件建物から発生した虫は、カビを食べる生態を持っていない。本件建物内の防カビ対策は不十分ではない。
②について、害虫駆除を直ちに行わなかったのは、Xが要請したためである。
③について、Xに予め説明し、その了承の上、害虫駆除作業を行った。

●裁判所の判断●

　裁判所は概ね次のように判断し、Xの請求を棄却しました。

（本件建物の瑕疵について）

①　本件建物で発生した虫はシバムシで、カビを食べる習性は証拠上認められないから、本件建物の防カビ対策が不十分で瑕疵があったと認めることはできない。

（Yの債務不履行について）

②　Yは、大量の虫が湧いたとの通報を受けた直後から、Xの要望に応えて応急の措置を講じ、専門の駆除業者に本件建物内を確認させ、その後日程調整をして、1回目の駆除作業を行った。その駆除作業の日程が7月31日となったのは、Xが薬剤を使用することの影響について医師に確認すると述べ、その連絡が遅れたためである。よって、Yは、本件建物に虫が発生しないようにするため、必要な対応を行っていたと認めるのが相当である。

③　Xは、散布する薬剤の影響ないし危険性について認識し、細心の注意を払っていたことが認められる一方、医師に確認すると述べていながら医師に確認した事実は証拠上認められない。また、消毒を行った業者が、散布する薬剤が絶

対安全であるといった内容を敢えて告げてXの不安を払拭させたといった事実も認められない。したがって、Yが駆除作業前に適切な説明をする義務を怠ったとか、Xの健康等に配慮する義務に反したと認めることはできない。

（結論）

④　よって、本件建物の瑕疵またはYの債務不履行に基づくXの請求には理由がない。

○本事例を検討する際の留意点

　上記判決からすれば、本事例においては、害虫駆除に至った経緯や、害虫駆除が行われる際の業者や賃貸人からの説明内容などについて、事実関係を踏まえて確認のうえ、対応を検討することが大切です。

○本事例及び上記判決から学ぶこと

　管理業者は、賃借人が入居した部屋から虫が発生した場合には、状況を確認のうえ速やかに駆除等の対応をとる必要がありますが、上記判決の事案のように、賃借人に健康被害のトラブルが発生する可能性がありますので、駆除の方法等について賃借人にしっかりと説明することが大切でしょう。また、トラブルとなってしまった場合には、一般的には害虫の発生や駆除作業に伴う健康被害を立証することは困難であることから、話し合いにより解決策を見出すよう当事者に助言することが考えられます。

Q38 賃貸借契約締結の際、修繕費用の賃貸人負担について合意しているので、賃貸人に対し修繕を求めたい。

私はマンション一室につき賃貸借契約を締結し、以後、賃貸人との間で、2年毎に契約を更新して居住しています。契約締結の際、賃貸人との間で、使用細則に基づき、修繕費用を賃貸人が負担することを合意しているので、不具合が生じている設備等について修繕・取換え等を求めたい。　　（賃借人／個人）

■関連裁判例の紹介■ >>>>>>>

本事例を検討するに当たっては、平成29年1月16日東京地裁判決が参考となります。

【上記判決の概要】
●事案の概要●
（X：賃借人　Y：賃貸人）

平成7年2月、賃借人X（個人）は、賃貸人Y（法人）との間で賃貸借契約（本件契約）を締結し、以後2年毎に本件契約を更新して、本件貸室に居住している。

本件契約締結の際、XとYは、以下の内容の「使用細則」について合意した。

---

(1)　次の修理・取換えは入居者の費用負担とする。
　①　誤った使用方法で故障した冷蔵庫、エアコン等の修理。
　②　入居者の使用上の原因による台所流し、浴室、トイレ配水管の水詰り修理。
　③　室内各電球の交換。
(2)　次のものは、事前に賃貸人の承諾を得て、入居者負担にて行う。
　①　鍵、錠前、電気スイッチの交換。
　②　建具の修理、絨毯等床材の汚損による修理、交換。
　③　喫煙が原因による壁・天井等のクロス変色による交換修理。
　④　壁、天井等に釘、画鋲等を打ち、穴を開けたための修理。
(3)　その他入居者の故意・過失を問わず破損・汚れが生じた場合、補修費用は入居者の負担とする。

平成27年4月、Xが、ユニットバスや備付証明器具、室内絨毯等に不具合が生じたとして、Yに対し、ユニットバスの修繕、備付照明器具の交換、室内絨毯の張替え等の修繕及び損害賠償を請求したのが本事案である。

●相手方（Ｙ）の反論●

　これに対しＹは、Ｘが主張する器具等はいまだ修繕が必要な状況とはなっておらず、また、Ｘが主張する修繕項目には使用細則上賃借人負担とされているものが含まれているなどと主張している。

●裁判所の判断●

　裁判所は概ね次のように判断し、Ｘの請求を一部認容しました。

（修繕負担に係る基本的な考え方）

① 　賃貸人は、賃貸物の使用及び収益に必要な修繕をする義務を負うが、どの程度の破損をもって賃貸物の使用及び収益ができない状態とみるかについての判断は、賃料の額、修繕に要する費用の額等を考慮し、契約当事者間の経済的公平性という観点からも検討しなければならない。

（ユニットバス・照明器具等について）

② 　ユニットバスと壁との接着部の修繕、給水栓の交換、給水管の高圧洗浄については、Ｘの主張及びＹが修繕の必要を自認していることを併せ考慮すれば、当該箇所には修繕が必要な故障が発生していると推認される。また、備付け照明器具（キッチン）の不具合の修繕については、壁スイッチの交換の必要性が認められる。ユニットバスの換気扇交換については、換気扇以外の換気口がなく、24時間換気が望まれていることも併せ考えれば、通常の使用収益に支障が生じているというべきで、交換の必要性が認められる。クローゼット扉の取っ手の交換については、取っ手が完全に外れ、開閉が困難となり、通常の使用に著しく支障が生じており、修繕の必要性が認められる。

（絨毯の張替え・浴槽交換について）

③ 　絨毯の張替えについては、現時点において、通常の用法に従って使用できないほどの支障が生じているとは認められず、玄関前から洗濯機置き場までのクロスの全面張替えについては、クロスの一部はく離によって、通常の使用収益に支障が生じているとは認められず、いずれも修繕の必要性は認められない。ユニットバスの浴槽交換については、耐久年数が経過しているが、浴槽自体に破損は認められず、直ちに修繕の必要性は認められない。便座及び便器の交換については、便座にがたつきが生じ、便器がやや変色していることが認められるが、通常の使用に支障を生じさせるものとは認められず、交換の必要性は認められない。

（賃借人負担条項の解釈について）

④ 　Ｘは、使用細則の賃借人負担条項につき、経年劣化に係る不具合の修繕義務まで賃借人が負担するという意味は含まれていないと主張するが、本件契約の使用細則の文言に照らせば、経年劣化による不具合の修繕についても賃借人の費用負担で行うと規定していると解するのが相当である。また、Ｘは、契約は

対等な立場で締結すべきで、全ての修繕を賃借人に負担させようとする意図がある場合、そのような一方的に不利なものは無効である旨主張するが、本件では、Yに全ての修繕をXに負わせようとする意図があるとまでは認められないから、Xの主張は採用できない。

（結論）

⑤　以上から、Y（賃貸人）は、ユニットバスと壁との接着部の修繕、給水栓の交換、給水管の高圧洗浄、備付け照明器具（キッチン）の不具合の修繕及びユニットバスの換気扇交換については、実施する義務がある。

○本事例を検討する際の留意点

　上記判決からすれば、本事例においては、使用細則で定められている内容に照らし、実際の不具合の状況が修繕を要する場合といえるのか、賃貸人または賃借人のいずれの負担に該当するのかなどについて、事実関係を踏まえて確認のうえ、対応を検討することが大切です。

○本事例及び上記判決から学ぶこと

　民法606条1項の賃貸人の修繕義務を定める規定は任意規定であり、特約をすることが可能ですが、賃借人に過度の負担を負わせるような特約については、その合理的解釈、当事者の合理的意思、信義則等を根拠としてその内容が無効とされたり、その効果が一部制限されることがあります。

　宅建業者・宅建士は、契約に際し、どのような修繕の実施や費用負担とするのか、当事者の意思を確認するとともに、法律上の効果が認められる取り決めとすることが大切です。

　また、管理業者は、実際に修繕を要する箇所が生じたときは、契約の内容を踏まえ、修繕の実施及び費用負担の在り方を当事者に説明し、適切に対応するよう働きかけることが大切でしょう。

雨漏りを理由に賃料不払いをする賃借人に建物明渡しを請求したい。

私（賃貸人）が賃貸している建物で、賃借人が雨漏りの発生を理由に賃貸借契約の解除と建物の欠陥による損害賠償を求めてきました。それ以降、賃借人は賃料も支払わない状況なので、建物の明渡しと未払賃料の支払いを求めたい。
（賃貸人／個人）

■ 関連裁判例の紹介 ▶▶▶▶▶▶▶▶

本事例を検討するに当たっては、平成30年1月25日東京地裁判決が参考となります。

【上記判決の概要】
●事案の概要●
（X：賃貸人　Y：賃借人　A：管理会社）

賃貸人Xは、管理会社Aに管理を依頼している本件建物について、賃借人Yとの間で、賃料月額13万5,000円、契約期間を2年とする賃貸借契約（本件契約）を締結し、本件建物を引き渡した。

2ヶ月後、本件建物2階の階段入口部分で雨漏りが発生した。Aは調査を行ったが、修繕は担当者の失念により行われなかった。（1回目の雨漏り）

約1年後、本件建物2階のリビングダイニングで雨漏りが発生した。Aが対応し、工事日程を決めたが、Yの都合によりキャンセルとなった。Yはその後の連絡にも応じず、Aは修繕を行えなかった。（2回目の雨漏り）

その後、YはAに対し、Xの債務不履行等を理由に賃貸借契約を解除する旨の申出をするとともに、本件建物が引渡し後すぐに雨漏りが発生する欠陥建物であったことなどを理由に本件契約の錯誤無効を主張して、400万円の損害賠償を請求した。

この損害賠償等の請求以降、Yが賃料を支払わなかったことから、今度はXの方から、未払賃料を支払わなければ本件契約を解除する旨Yに通知したが、賃料は支払われなかった。そこで、XがYに対し、建物の明渡し及び未払賃料等を請求したのが本事案である。

●相手方（Y）の言い分●

これに対しYは、本件契約の締結に当たり、「建物で以前に雨漏りがあったことを言わなかったことは契約の要素の錯誤に当たり、契約は無効である。既払賃料はXの不当利得となることから、同時履行の抗弁または留置権の行使により、

Yが建物を明渡す必要はない」などと主張している。

●裁判所の判断●
裁判所は概ね次のように判断し、Xの請求を認容しました。

（錯誤無効について）
① 本件建物が築後約17年の木造建物であったことからすれば、雨漏りを修繕したことがあるとの事情は、一般的な経年変化により不具合が発生し、これが補修されたとの評価の域を出るものではなく、そのような履歴の存在自体が瑕疵に当たるとは認められない。

　　したがって、本件契約が錯誤により無効※であった旨のYの主張は採用することができず、既払賃料が賃貸人の不当利得となっているとするYの主張には理由がない。

　　※なお本事案ではXは錯誤無効の理由として、周辺で河川工事があることや隣家との駐車場トラブルがあることを説明しなかったことも挙げていたが、裁判所は、前者については受忍限度を超えていないとし、後者については、当該トラブルがある事実は認められないとした。

（Xの債務不履行について）
② 1回目の雨漏りにより使用収益が不可能になった範囲を特定するに足りる証拠は見当たらない。2回目の雨漏りでは浸水被害が生じており、債務の一部不履行が認められるが、Yは修繕工事の日程調整に途中から応じなくなっていたことから、Xに帰責性はなく、Xの債務不履行とは認められない。

（一部滅失によるYの解除について）
③ 写真等の各証拠や事情を総合すれば、2回目の雨漏りによる浸水被害によって、Yの物件の使用収益に支障を来したことが認められるが、これにより減額される賃料は約定賃料の10％と評価される。また、これによって民法611条2項による賃借人の解除権（一部滅失等により賃貸借の目的を達成することが困難となった場合に生じる賃借人の解除権）が発生したとは認められない。

（Yの債務不履行による契約解除について）
④ Yの賃料の不払状況に加え、Yは建物の修繕に関するAの連絡に応じなくなっていた時期があったこと、具体的根拠を示すこともなく400万円の損害賠償を請求するなどしていたなどの事情を考慮すれば、賃貸借契約の基礎となるXとYとの間の信頼関係は破壊されていたものというべきである。

（結論）
⑤ 以上により、Yの債務不履行基づくXの解除により、本契約は終了したことから、Xの請求には理由がある（未払賃料の請求については10％減額後の部分につき認容）。

〇本事例を検討する際の留意点

　上記判決からすれば、本事例においては、建物の一部が使用収益できなくなった場合においても賃借人には（民法611条により減額された）賃料の支払義務があることを前提に、賃借人の賃料の不払いにつき他に正当な理由があるか、また、その他の事情等により信頼関係が破壊されたといえるかなどにつき、事実関係を踏まえて確認し、対応を検討することが大切です。

〇本事例及び上記判決から学ぶこと

　建物等に何らかの不具合が生じた場合には、上記判決の事案のように、賃借人が賃料を支払わないようなケースがあります。しかし、その不具合によって、賃借人が賃貸借の目的を達成できないとして解除権が発生したとものと認められ、かつ、賃借人が実際に解除権を行使しない限り、賃借人には（民法611条1項による減額後の）賃料の支払い義務が生じます。また、仮に賃貸借契約が錯誤等により取消されたとしても※、賃借人が建物を利用している限りは、賃料相当額の支払義務が生じるところです。

　管理業者は、賃料不払いの理由として賃借人から建物等の不具合を告げられた場合には、法令の取扱いをよく説明し、賃借人に適切な対応を求めることが大切でしょう。

　※なお、令和2年4月1日施行の改正民法では、錯誤の効果は「無効」ではなく「取消し」とされていることにも注意して下さい。

Q⁴⁰ 補修工事に協力しない賃借人に対し、賃貸借契約の解除を求めたい。

　　私（賃貸人）は、賃借人に貸事務所室内の配管補修工事への協力を求めているのですが、一向に応じてくれません。賃借人に賃貸借契約の解除を求めることはできないのでしょうか。　　　　　　　　　　　　　　　　（貸主／法人）

■ 関連裁判例の紹介 ■〉〉〉〉〉〉〉〉

　本事例を検討するに当たっては、平成30年4月5日東京地裁判決が参考となります。

【上記判決の概要】
●事案の概要●
（X：賃貸人　Y：賃借人）

　賃借人Yは、賃貸人Xとの間で、7階建てのビルの1階部分（本件建物）につき賃貸借契約（本件契約）を締結し、事務所として使用していた。建物の天井部分には、上階の貸室の排水管がむき出しで配置されており、また、契約には、天井部分の配管点検、修理を行う場合は、賃借人は無条件にて協力（室内の立ち入り及び工事の協力等）するという特約（本件特約）が付されていた。

　3年後、XがYのもとを複数回訪れ、天井部分の排水管の入替工事への協力を依頼したが、Yは承諾しなかった。

　Xは、Yに対し、室内への立ち入りが可能な日程の連絡を依頼し、連絡がない場合には、賃貸借契約を解除するとの意思表示（本件解除1）をしたが、Yは回答をしなかったため、Xが、本件契約の解除及び建物の明渡し等を請求したのが本事案である。

　訴訟開始後にYは次のような工事条件を提示した。

ア　工事は土日に行うこと

イ　工事にXの代表者が立ち会うこと

ウ　工事によってYに損害が生じた場合にXが責任を負う旨を書面で明確にすること

エ　Yの代表者が工事に立ち会うことの日当として3万円を支払うこと

オ　Yの従業員が備品類や書類等を移動させることの日当として20万円を支払うこと

　これに対しXは、アについては了解、イについてはXの代表者の立会いは行わないが事故が起きた場合には不動産業者が対応できるようにする、ウについては

118

検討可能と回答したが、エ、オについては拒否した。その上で、これまでの事情と併せ、Yに損害等が生じないのにエ、オのような条件を提示して工事を拒絶し続けていることにより、当事者間の信頼関係は破壊されたとして、第三回口頭弁論期日において、改めてXがYに対し、本件契約を解除する旨の意思表示をしている（本件解除2）。

●相手方（Y）の言い分●

これに対しYは、何ら理由なく工事に協力を拒絶しているわけではない（訴訟で提示したアからオまでの条件は、過去に排水管工事の際に建物が汚れたりしたこと、事故が発生した場合にはデータ消失のおそれがあることから要望しているものである）ので解除は認められないと主張している。

●裁判所の判断●

裁判所は概ね次のように判断し、Xの請求を認容しました。

（解除1の効力について）

① 本件特約において、賃借人は無条件に排水管の工事に協力する旨が定められているとしても、賃借人が賃貸人に対して社会通念上相当な範囲で工事の内容や条件につき協議を求めることが直ちに否定されるべきものとは解されない。

Yは、工事によって事故が発生した場合の責任の所在を明確にすることや、Yの代表者が立会うことへの費用補償を求めていたものであり、過去の排水管の工事の際に本件建物が汚れたことや、事故が起きた場合にはデータが消失して営業に支障が生じるおそれがあることなどを踏まえると、これらの要求は必ずしも不合理と評価できるものではない。

また、仮にこのようなYの対応をもって本件工事を拒絶したと評価するとしても、上記経緯からすれば、いまだXとYの間で協議の余地は残されているというべきであり、信頼関係は破壊されるに至っていないと認めるのが相当である。よって、本件解除1の効力は認めることはできない。

（解除2の効力について）

② 一方、訴訟においてYから提示された条件については、イにつき、X代表者が本件工事に立ち会わなければならない理由はないし、エ・オにつき、脚立を置くために必要な範囲で床に置かれた書類等を一時的に動かすことによってYに金銭補償を要するほどの損害や負担が生じるとは考え難いことから、これらはもはや合理的な範囲を超えた要求であると言わざるを得ない。

したがって、Yは、工事への協力を拒み特約に違反したと評価すべきであり、かつ、XとYの間の信頼関係は破壊されたというべきであるから、本件解除2は有効であり、本件契約は、同解除によって終了したというべきである。

（結論）

③　よって、本件解除2による本件契約の終了に基づくXの請求には理由があり、Yは建物を明け渡さなければならない。

○本事例を検討する際の留意点

　上記判決からすれば、本事例においては、賃借人には賃貸人が実施する修繕や保存行為に協力すべき義務があることを前提に、賃借人が拒否している理由や、協力するに当たって提示している条件の合理性などについて、事実関係を踏まえて確認のうえ、対応を検討することが大切です。

○本事例及び上記判決から学ぶこと

　賃貸人の修繕については、契約上賃借人に協力義務がある旨を定めることが一般的です。民法でも、賃貸人がなす保存行為については賃借人は拒否することができないとしています（民法606条2項）。

　管理業者は、必要な修繕工事に際し、上記判決の事案のように賃借人が正当な理由なく協力しなかったり、不合理な内容の協力条件等を提案するような場合には、契約の解除が認められる可能性もあることを説明し、適切な対応を求めることが大切でしょう。

Q⁴¹ 特約で定めた補修をしてくれない賃貸人に損害賠償を請求したい。

　私（賃借人）は、賃貸借契約の特約で入居時から存在するフローリングの損傷を補修するという取り決めをしていましたが、入居後1年を過ぎても賃貸人が補修工事をしてくれないので、退去することとしました。退去に伴う損害を賃貸人に請求したい。
　　　　　　　　　　　　　　　　　　　　　　　　　　　（賃借人／個人）

▌関連裁判例の紹介 ▶▶▶

　本事例を検討するに当たっては、平成29年5月22日東京地裁判決が参考となります。

【上記判決の概要】

●事案の概要●

（X：賃借人　Y：賃貸人　A：媒介・管理業者）

　居住用の賃貸物件を探していた賃借人Xは、媒介・管理業者Aの立合いのもと、賃貸人Y所有のマンションの一室（本件貸室）を内見した。その際、リビング・ダイニングのフローリングの角の一部（30cm四方）に前賃借人が残した黒ずみ（本件損傷）があり、Aはその旨を説明した。

　契約の締結に際して、AからXに対し、本件損傷の補修工事が未了との説明があり、契約書の特約条項に「入居後にリビング床の補修を行う」旨、明記された。Xは、補修工事の未了を知らされ、契約締結を迷ったが、前賃借物件の退去期日が迫っていたため、契約を締結し、居住を開始した。

　Aは、本件損傷の補修を工事会社に依頼のうえ、見積書を取得した。Aは、補修工事の日程調整を行うためXに電話連絡を繰り返し行ったが、Xからの応答はなく、折り返しの連絡もなかった。

　その後Xは、本件損傷の補修工事が行われなかったとして、本件貸室の賃貸借契約の解約を申し入れ、本件貸室から退去した。

　以上のような経緯のもと、XがYに対し、「本件損傷を補修すべき義務を負っていたにも関わらず、この義務を履行しなかった」として、債務不履行に基づき、居室の効用が阻害されたことによる損害賠償（退去までの支払い済み賃料（17ヵ月分）の3割相当額）、転居を余儀なくされたことにより生じた損害賠償（礼金、仲介手数料、転居費用）及び精神的苦痛に対する慰謝料を請求したのが本事案である。

●相手方（Y）の言い分●

　これに対しYは、補修工事実施のためにXに何回も連絡を取ったが、Xが応じてくれなかったので、工事ができなかったと主張している。

●裁判所の判断●

　裁判所は概ね次のように判断し、Xの請求を一部認容しました。

（弁済の提供について）

① 　Yは、補修義務の履行のためには、Xによる履行期日の指定が必要であり、履行に必要な相当期間内に弁済の提供を遂げているから、履行遅滞の責めを負わないと主張する。しかし、Yは、繰り返しの電話以外にはXに対する連絡手段を講じておらず、直接居室を訪問し、文書を送付して折り返しの連絡を求めるといった方法まで取っていないことからすれば、Yは、Xに対し弁済の準備をしたことを通知し、その受領を催告したとは認められない。よって、Yは、補修義務の履行遅滞の責めを免れないというべきである。

（Xの損害について）

② 　Xは、本件損傷によって、居住における生活上、様々な支障が生じ、退去を余儀なくされたとして、損害賠償等を求めている。

　　しかし、本件損傷の態様からすると、前賃借人が観葉植物を置き、その水が漏れたことによる損傷と考えても矛盾しない。そうすると、本件損傷で居室の美観が損なわれ、そのことに伴う不都合があったという程度の指摘はできても、それ以上の生活上の支障が生じていたとは認められない。ただし、損傷部分が居室の美観を損ねることは確かであり、見えないようにするために家具等の配置を工夫しなければならないなどの支障はあったと考えられる。

（結論）

③ 　以上の点からすると、Yは履行遅滞の責めを免れないが、この使用収益を妨げられたことによる損害は、支払い済み賃料のうち月1万円程度にとどまるというべきである。

〇本事例を検討する際の留意点

　上記判決からすれば、本事例においては、補修工事の実施に当たって賃貸人側がどのような対応をしていたのか、また、補修工事をしないことによって相談者にどの程度の損害が発生したと評価できるのか、事実関係を踏まえて確認のうえ、対応を検討することが大切です。

〇本事例及び上記判決から学ぶこと

　貸室内での修繕工事等の実施には、賃借人の協力が必要であり、そのためには、賃貸人側で工事の実施等につき事前に確実に賃借人と連絡をとることが必要

です。

　上記判決の事案では、賃貸人側から賃借人への補修工事実施の電話連絡について賃借人の応答がなかった状況で、更にそれ以外の方法（賃貸人側の訪問や書面連絡）が行われていなかったことから、賃貸人側の履行が認められず、履行遅滞による損害賠償が認められています。

　管理業者は、賃借人への連絡について、一つの手段で連絡が取れない場合、それだけで済ますのではなく、速やかに他の連絡手段を検討し、賃貸人側の責任で工事が遅れたと評価されることがないように注意することが大切でしょう。

Q42 賃借している部屋で盗難被害にあったので部屋の鍵を賃貸人に交換して欲しい。

　賃借している部屋で、何者かによる侵入や盗難被害にあったので、賃貸人に部屋の鍵の交換を求めましたが、応じてくれません。防犯上からも、賃貸人は鍵の交換に応じるべきではないか。　　　　　　　　　（賃借人／個人）

■ 関連裁判例の紹介 ▷▷▷▷▷▷▷

　本事例を検討するに当たっては、平成29年3月23日東京地裁判決が参考となります。

【上記判決の概要】
●事案の概要●
（X：賃借人　Y：賃貸人）

　賃借人Xは、賃貸人Yが所有する建物（本件建物）を、賃料月額5万2千円、期間2年間とする賃貸借契約を締結した。

　Yは、本件建物の引渡に際して、玄関ドアの鍵については交換を行わず、旧賃借人が使用していた鍵をXに交付した。

　その後、Xは、Yの費用負担で鍵を交換するよう求めたが、Yがこれに応じなかったため、次のように主張し、Yの修繕義務（民法606条1項）違反として、Yに対し、債務不履行による損害賠償を請求したのが本事案である。

①入居時にYに玄関ドアの鍵の交換を求めたものの、Yはこれを行わなかった。

②何者かに玄関ドアが開錠されて侵入されるという事件や、盗難被害の事件が起きたため、改めて鍵の交換を求めたが、Yはその後も鍵の交換を行わなかった。

③Yは、これまで鍵を交換せずに建物を不特定の者に使用させてきており、その中で合鍵が作製され、不特定の者により玄関ドアが開錠可能な状態になったといえるから、鍵が防犯上の用をなさないことは明らかである。

●相手方（Y）の言い分●

　これに対しYは、鍵に物理的な損傷はないし、本件建物を不特定の者に使用させてきたという事実もないので、鍵の交換義務を負うことはないし、Xは住居侵入などの事件発生により鍵の交換義務が生じたというが、そのような事件があったという証拠はないと主張している。

●裁判所の判断●

裁判所は概ね次のように判断し、Xの請求を棄却しました。

（Yの修繕義務違反について）

① Xは、賃貸借契約締結の当初から、Yに鍵の交換を求めたにもかかわらず、その交換を行わないことが民法606条1項所定の修繕義務に違反する旨主張する。

しかし、鍵に物理的な損傷はなく、玄関ドアを施錠する上で特段支障がないことは当事者間に争いがない。そうすると、Xが本件建物をその賃借目的に適うように使用するに当たって特段支障があるものとはいい難い。

② さらにXは、Yが過去に本件建物を不特定の者に賃貸し、その間に合鍵が作られた可能性があるから、鍵は防犯上の用をなしておらず、交換が必要であると主張する。

しかし、Xの前に本件建物を使用していたのは旧賃借人だけであり、Yが本件建物を不特定の者に賃貸したとはいえず、Xがいう合鍵作製の点も抽象的な可能性を示すに過ぎない。

③ 以上を踏まえると、賃借人の交代に当たり、旧賃借人が使用した鍵を交換することは好ましいとはいえるものの、それが賃貸人の負うべき義務に当たるとは直ちにはいえない。本件では、鍵の使用者が限られた範囲にとどまっていることや、鍵自体には損傷がないことに加え、契約締結時に賃料が従前に比べて引き下げられていることなどからすれば、Yが、民法上の修繕義務として、自らの費用負担により鍵を交換することが求められるものとはいえない。

（Yの債務不履行について）

④ Xは、住居侵入等事件が生じたことから、遅くともこの時点ではYは鍵の交換を行う義務を負っており、その懈怠は債務不履行に当たると主張する。

しかし、住居侵入等事件につき、盗難被害が生じたことを裏付ける客観的証拠は存在せず、盗難被害発生時期についてもXの供述に一貫性がない。さらに、盗難被害の発覚後直ちに建物の所在地を所管する警察署への通報等を行った事実がないというのも不自然であることからすれば、Xの供述は信用できず、他に住居侵入等事件発生を認めるに足る証拠はない。

（結論）

⑤ 以上によれば、Yが、賃貸借契約に係る修繕義務として、鍵の交換をすべき義務を負っていたものとはいえず、同義務の不履行があったことを前提とするXの請求には理由がない。

○本事例を検討する際の留意点

上記判決からすれば、本事例においては、鍵の交換が相談者の賃貸物件に係る安全安心な利用にどの程度影響を与えるのかなどについて、事実関係を踏まえて

確認し、対応を検討することが大切です。

〇本事例及び上記判決から学ぶこと

　上記判決の事案では、鍵の交換が賃貸人の義務とは認められませんでしたが、判決でも、「旧賃借人が使用した鍵を交換することは好ましい」とも述べているところです。

　宅建業者・宅建士・管理業者は、安全安心な賃貸物件の提供の観点から、賃借人が変わったときは、特段の事情がない限り、鍵の交換を検討することが大切でしょう。

　なお、鍵の交換費用に関しては、旧賃借人の責めによる鍵の物理的損傷や紛失の場合（この場合には旧賃借人が費用負担する）、新賃借人が特別な仕様の鍵への交換を要請しているような場合を除き、国土交通省が策定した原状回復ガイドラインにおいて、「入居者の入れ替わりによる物件管理上の問題であり、賃貸人の負担とすることが妥当と考えられる。」とされていることにも注意する必要があります。

Q43 雨漏り調査のための立ち入りを拒否している賃借人に退去を求めたい。

　　階下の住戸で漏水被害が発生しており、そのためには上階住戸に入室し調査する必要がありますが、上階住戸の賃借人が立ち入りを拒否しています。そのため、階下の住戸の賃借人が退去してしまい、その後も賃貸できない状態となっているので、立ち入りを拒否している賃借人に退去を求めたい。（賃貸人／法人）

関連裁判例の紹介

　　本事例を検討するに当たっては、平成26年10月20日東京地裁判決が参考となります。

【上記判決の概要】
●事案の概要●
（X：賃貸人　Y：賃借人　J：管理会社　B：管理会社担当者）

　　法人Ｘは、平成22年9月に、既に賃借人が複数名居住している本件建物を買受け、賃貸借契約上の賃貸人たる地位を承継した。また、本件建物の管理会社も、株式会社Ｊ社に変更された。

　　Ｊ社の担当Ｂは、305号室（本件貸室）の賃借人Ｙに対し、平成23年3月「契約更新のお知らせ」と題する文書と更新契約書の雛形を交付し、合意更新の手続及び更新料支払いの依頼をしたが、契約内容に不満を持ったＹは、更新契約書に修正を加えた契約書案を返送した。

　　その後も合意更新に関するやりとりがなされたが、これと並行して、本件貸室の約7年間の漏水状況についてＹに問い合わせたところ、Ｙから「現在も漏水は続いており、水のしたたる音が聞こえた」との回答を得た。そこでＢは、平成23年5月24日、Ｙ立会いの下、本件貸室内の漏水箇所の調査・確認を行ったところ、一定の漏水の痕跡が認められた。ところがその後、Ｙが合意更新や漏水調査に関するやりとりに全く応じなくなり、本件契約は、更新料の支払がないまま法定更新された。

　　Ｘは、平成25年5月31日、本件貸室の階下205号室の賃借人から、同室の浴室天井に漏水が生じているとの連絡を受け、漏水調査を実施したところ、本件漏水の発生箇所は205号室の浴室天井躯体（本件居室の浴室床躯体）に発生した亀裂からであることが確認され、その特定には本件貸室への立入調査が必要であることが判明した。このため、Ｘは、Ｙに対し、何度も本件貸室の立入調査への協力を要請したが、Ｙは、上記要請に応じる姿勢を見せなかった。

そうしている間、205号室の賃借人から、長引く漏水事故により、賃貸借契約の解約と引越費用等の補償をしてほしいとの申出を受け、Ｘは、平成25年10月29日付けで、同室の賃貸借契約の合意解除に応じること、Ｘが移転費用等を支払うことなどを合意し、205号室の賃借人は同年12月に同室から退去した。

　以上のような経緯のもと、Ｘが、Ｙに対し、保存行為協力義務の不履行に基づく損害賠償と、漏水調査と工事が完了するまでの間の空室となった205号室の月額賃料相当額の支払を請求したのが本事案である。

●相手方（Ｙ）の言い分●

　これに対しＹは、Ｘとの協議等を拒否したのは、Ｊ社担当Ｂが虚偽の言動を繰り返したため全然信用できなくなったためであるなどと主張している。

●裁判所の判断●

　裁判所は概ね次のように判断し、Ｘの請求を認容しました。

（債務不履行解除について）

① 　205号室の賃借人からＪ社に対し漏水がある旨の報告があり、業者調査の結果、本件貸室浴室側からの調査が必要との報告がなされたことから、漏水の原因究明のための本件貸室内の調査とそれを踏まえた修繕工事の実施は、建物の保存に必要な行為と認められる。しかし、Ｙが協力しないことにより本件漏水に関して本件貸室の立入調査が実施できず、また、Ｘが信頼関係の構築へ働きかけたにも係わらず、Ｙが正当な理由なくこれを拒絶したことは、Ｙの債務不履行と認められる。

② 　Ｙが本件貸室への立入調査に応じなかった結果、Ｘは、205号室の賃借人との賃貸借契約を解約せざるを得ない状況に至ったことなどが認められることから、Ｙの債務不履行による無勧告解除に基づき本件貸室の明渡しを求めるＸの請求には理由がある。

（Ｘの損害について）

③ 　Ｘが主張する205号室に関する損害のうち、補償費、移転費、引越業者代及びハウスクリーニング費用の合計56万円余は理由があり、その金額も不合理ではなく、Ｙの債務不履行と相当因果関係のある損害に当たる。

④ 　Ｙが本件貸室の立入調査に応じない限り、Ｘは、205号室の漏水調査の実施や工事を行えず、その間、205号室を賃貸することができず、その分の賃料を取得する機会を失うことになる。したがって205号室の月額賃料額9万円余については、Ｙが本件貸室を明け渡すまでの間を損害発生期間と認めるのが相当である。

○本事例を検討する際の留意点

　上記判決からすれば、本事例においては、民法では賃借人は賃貸人が行う修繕等の保存行為につき拒否できないとされていることを前提に、修繕工事及び立入の必要性、賃借人の拒否の理由等について、事実関係を踏まえて確認し、対応を検討することが大切です。

○本事例及び上記判決から学ぶこと

　民法では賃貸人の保存行為につき賃借人が拒否することはできないとしていることから（民法606条2項）、賃貸人が建物の保存行為を実施するために、賃貸借中の住戸等に立ち入る必要がある場合には、当然に立入りは認められます。

　宅建業者・宅建士は、修繕や保存行為の実施に関し賃貸人と賃借人間でトラブルが生じないように、賃貸物件への立入についても契約書中に規定し（なお、立ち入りがなされるケースの例示として、発生可能性の高い行為（雨漏り調査等）もあわせて記載しておくことも考えられます）、契約の時点で賃借人に認識してもらうようにすることが大切でしょう。

　なお、国土交通省が策定した賃貸住宅標準契約書では、保存行為が必要な場合、賃貸人は賃借人の承諾を得て入室でき、また、賃借人は、正当な理由がある場合を除き、賃貸人の立入りを拒否することはできないとされているところです。

Q⁴⁴ 賃貸借契約は床面積を基礎に賃料額を定めた数量指示賃貸借に当たるので、契約書表示床面積と実際の床面積との面積差に対応する分の賃料の返還を求めたい。

契約更新時に、貸室実測による契約床面積の変更により賃料改定が行われたことから、賃貸借契約は床面積を基礎に賃料額を定めた数量指示賃貸借に当たると考えられます。賃貸人に対し、実際床面積に不足する面積対応分の賃料・更新料相当額等の返還を求めたい。 (賃借人／法人)

■関連裁判例の紹介 ▷▷▷▷▷▷▷▷▷

本事例を検討するに当たっては、平成27年9月17日東京地裁判決が参考となります。

【上記判決の概要】
●事案の概要●
（X：賃借人　Y：賃貸人　A：前賃貸人（前建物所有者））

昭和55年12月、賃借人Xは、建物所有者Aとの間で、本件貸室につき、賃料月額140,000円、敷金78,000円、賃貸借期間3年間、貸室床面積40㎡とする賃貸借契約（本件契約）を締結した。

昭和58年11月、Aの死亡により本件賃貸借の賃貸人の地位を承継したYは、Xとの間で、賃料を月額159,000円に増額するとした1回目の更新を行った。なお、更新の際に作成された契約書においては、本件貸室の床面積は46.283㎡とされた。

その後、XはYとの間で3年毎に本件契約の合意更新を行い、月額賃料は175,000円、191,000円、207,800円と変更された。

Xは、平成25年11月末日までは本件貸室の賃料を支払っていたが、その後未払いとなったため、平成26年2月、YはXに対し、平成25年12月以降の賃料及び更新料の不払いを理由として、本件契約を解除するとの意思表示をし、本件契約は終了した。Xは平成26年3月、Yに対し本件貸室を明け渡した。

以上のような経緯のもと、XがYに対し、「1回目の更新時の賃料改定はYが測量した床面積を基礎として行われており、本件契約は数量指示賃貸借に当たる。Yには、正確な床面積を明らかにして賃料を減額する義務に違反した不法行為がある」などと主張して、1回目の更新における表示床面積と実際床面積37.63㎡との面積差に係る支払済の賃料・更新料相当額の返還を請求したのが本事案である。

●相手方（Ｙ）の言い分●

　これに対しＹは、1回目の更新に際し、床面積につき46.283㎡あることを保証したことはないし、また、本件貸室の測量を行っておらず、本件貸室の正確な床面積も知らなかったと主張している。

●裁判所の判断●

　裁判所は概ね次のように判断し、Ｘの請求を棄却しました。

（数量指示賃貸借について）

① 　Ｘは、「1回目の更新にて、Ｙが本件貸室の床面積を測量して契約床面積を46.283㎡に変更し、賃料を増額したことから、後の本件賃貸借契約は、床面積を基礎に賃料額を定めた数量指示賃貸借に当たる。」と主張するが、ＸがＹとの間で単位床面積当たりの賃料額を合意し、これに床面積を乗じて賃料額を定めたなどの事情はうかがわれないし、Ｙが床面積につき46.283㎡あることを保証した事実も認められない。

② 　また、1回目の更新において「消費者物価指数における東京の家賃指数を基準にして賃貸借期間更新時に賃料を改定する」との約定が新たに盛り込まれたことから、1回目の更新時の賃料改定は、当時の近隣の家賃の水準や消費者物価指数の動向等の諸事情を勘案して値上げ幅が定められたものと推認できる。

③ 　以上によれば、1回目の更新後の本件借契約は、床面積を基礎に賃料額を定めた数量指示賃貸借に当たるとはいえ、Ｘの主張は採用できない。

（Ｙの注意義務違反について）

④ 　また、Ｙが1回目の更新に際し、本件貸室の測量を行った事実や、本件貸室の正確な床面積を知っていた事実は認められず、Ｙに注意義務違反があるとするＸの主張は、その前提を欠くものと言わざるを得ない。

（結論）

⑤ 　よって、数量指示賃貸借及びＹの注意義務違反を前提とするＸの請求には理由がない。

〇本事例を検討する際の留意点

　上記判決からすれば、本事例においては、相談者が述べている「貸室実測による契約床面積の変更により賃料改定が行われた」というのが事実であるか、更新前後の契約書の内容等について、事実関係を踏まえて確認のうえ、対応を検討することが大切です。

〇本事案から学ぶこと

　単位床面積当たりの賃料額を合意し、これに床面積を乗じて賃料額を定めた事情や当該床面積があることを保証した事実等が見られる場合には、数量指示賃貸

借と解することができますが、実務においては、賃借人は内見することで、自身の賃借目的が達せられるかを確認したうえで賃貸借契約の締結を判断することが一般的であることから、厳密に数量指示賃貸借契約として締結される事例はあまり見受けられません。

　しかしながら、契約面積と実際の面積との開きが著しい場合は、賃料額の相当性等をめぐって当事者間でトラブルに発展する可能性があります。

　また、「不動産の表示に関する公正競争規約」においては、物件の面積について、実際のものよりも広いと誤認されるおそれのある表示は不当表示とされます。

　宅建業者・宅建士は、建物賃貸借契約においては、トラブル防止のため、表示床面積につき、その根拠が壁芯か内法か等の根拠を含めて明記するとともに、必要に応じて賃料の算定方法についても明確にしておくことなどが大切でしょう。

Q45 木造平屋建住宅の耐震診断を含む現況調査を妨害する賃借人に妨害を止めてもらいたい。

私は建物の賃貸経営をしています。その建物が築後60年以上経過した木造平屋建賃貸住宅で、耐震診断を含めた現況調査を行う必要があるのですが、賃借人に妨害されています。この調査は「賃貸物の保存に必要な行為」なので、妨害しないでもらいたい。 (賃貸人／個人)

■ 関連裁判例の紹介 ≫≫≫≫≫

本事例を検討するに当たっては、令和2年5月19日東京地裁判決が参考となります。

【上記判決の概要】

●事案の概要●

(X：賃貸人　Y：賃借人　A：前賃貸人　B：前賃借人)

亡Aは亡Bに対し、昭和37年7月16日、本件建物につき賃貸借契約(本件契約)を締結し、引き渡した。

本件契約は、昭和43年7月15日以降、法定更新が繰り返され、その間、賃貸人の地位はXに、賃借人の地位はYに、それぞれ相続により承継された。

Xは、本件建物の老朽化及び耐震性の程度を把握することを目的として、耐震性の診断を含む現況調査を実施するため本件建物内への立入りをYに求めたところ、Yから拒絶された。

そこでXが、以下のように主張して、Yによる立入の妨害の排除を請求したのが本事案である。

①賃貸人がかかる現況調査を行うことは、建物の価値を保存し、現状を維持するために必要な行為であり、民法606条2項の保存行為に当たる。本件建物は、建築後60年以上が経過して老朽化し、現在の耐震基準を満たしていないと考えられ、現況及び性能を客観的な方法で調査し、修繕又は建替の要否を認識・判断する必要がある。

②本件現況調査及びそれに付随する立入りによってXが受ける利益は僅少であるとはいえず、他方、Yに重大な損害が生ずることもないから、本件請求は権利濫用に当たらない。

●相手方(Y)の言い分●

これに対しYは、「民法606条2項の保存行為は同条1項の修繕義務を前提とするものに限られ、立入が認められるのは、修繕を前提とする保存行為がなされる場

合か、賃貸借契約書中の立入りを認める旨の条項があり、かつ、緊急やむを得ない事情がある場合に限られる。本件現況調査の真の目的は、Yを本件建物から退去させることにあること、同調査によってYの使用収益権やプライバシー権が侵害されるおそれがあることからすると、本件請求は権利の濫用であって許されない」と主張している。

●裁判所の判断●

裁判所は概ね次のように判断し、Xの請求を認容しました。

（Xの現況調査を実施する権利について）

① 民法606条2項は、賃貸人が賃貸物の保存に必要な行為をしようとするときは、賃借人はこれを拒むことができないと定めているところ、賃貸物である建物が老朽化して耐震上の疑義が生じた場合には、同建物の倒壊等を防ぐために、賃貸人において耐震補強の要否や程度等を調査すべく、同建物内に立入り、耐震診断を含めた現況調査を行う必要があるというべきであり、かかる調査は、賃貸物の保存に必要な行為に当たるといえる。そして、同法607条は、賃貸人が賃借人の意思に反して保存行為をすることも許されることを前提としているから、当該調査は賃借人の意思に反しても行うことができるのは明らかである。

② 本件建物は昭和34年に建築された木造瓦葺平家建の建物であり、その建築後60年以上が経過し相当に老朽化が進んでいると推認される上、現在の耐震基準を満たしているかは明らかでなく、本件建物を保存するために、賃貸人において耐震診断を含めた現況調査を行う必要があるというべきであって、本件現況調査は、民法606条2項にいう保存行為に当たると認められる。

③ 民法606条2項の保存行為は、同条の文言上、Yの主張のような修繕を前提とする場合に限られる旨の制約は何ら付されていないし、そのように解すべき根拠もない。

（権利の濫用について）

④ 仮にYが主張するような目的が本件現況調査に含まれていたとしても、同調査を実施すべき必要性が直ちに減ぜられるものではないし、同調査がYの使用収益権やプライバシー権をある程度制約するものであるとしても、受忍限度を超えるものであることを認めるに足りる証拠はない。本件現況調査は、一級建築士の資格を持つ者によって行われる予定であって、3時間ないし4時間程度で済むものとされ、破壊を伴う調査はなく、Yが本件建物から退去する必要はないし、同調査に立会うことも可能であることが認められるから、Yの使用収益権及びプライバシーの制約の程度は社会的に相当な範囲にとどまっていると認められる。以上によれば、本件請求が権利濫用に当たるとは認められない。

○本事例を検討する際の留意点

　上記判決からすれば、本事例においては、相談者が行おうとしている調査の内容、物件内に立ち入る必要性、賃借人が拒否している理由などについて、事実関係を踏まえて確認し、対応を検討することが大切です。

　相談者が行おうとする調査が建物の保存行為に当たるときは、賃借人は拒否することはできないことに注意が必要です。

○本事例及び上記判決から学ぶこと

　上記判決の事案のような耐震診断を含む現況調査は、民法606条2項に規定する保存行為に当たると考えられます。

　一般的に賃貸借契約書には、管理上特に必要な場合、賃貸人に立入権があることが明記されていることが多いですが、民法では、「賃貸人が賃貸物の保存に必要な行為をしようとするときは、賃借人は、これを拒むことができない」と規定しています（民法606条2項）。

　宅建業者・宅建士は、上記民法の規定を踏まえた賃貸借契約書中の立入条項を検討することが大切です。

　また、管理業者は、契約書中の立入条項とあわせ、上記民法の規定も考慮のうえ賃貸物件への立入の必要性を検討し、その必要が認められるときは適切に対応することが大切でしょう。

Q46 飲食店舗の衛生状態が悪く使用できないので、店舗賃貸人に損害賠償を請求したい。

私は飲食店舗を経営するため建物を賃借したのですが、建物の浄化槽から小バエが発生し、店舗として使用することが不可能なので、賃料を支払わなかったところ、賃貸人から賃料滞納を理由に契約解除がなされました。しかしこのような状況での賃貸人からの解除は無効であり、賃貸人には物件を使用させる義務に違反した債務不履行があることから、私の方から賃貸人に対し、開業準備費用等の損害賠償を求めたい。　　　　　　　　（賃借人／法人）

■ **関連裁判例の紹介** ≫≫≫≫≫≫≫

本事例を検討するに当たっては、平成30年4月5日東京地裁判決が参考となります。

【上記判決の概要】
●事案の概要●
（X：賃借人　　Y：賃貸人）

賃借人X（飲食店経営）は、賃貸人Y（個人）との間で、平成27年2月20日、本件建物について、月額賃料19万円、敷金190万円、賃貸借期間平成27年4月1日から3年間とする賃貸借契約（本件契約）を締結し、敷金と、賃貸借の始期である平成27年4月分から同年6月分までの賃料合計57万円を支払った。

Xは、平成27年7月、Yに対して、本件建物の地下に汚物の溜まった浄化槽があり、この浄化槽から異臭が発生し、多数の小バエが発生しているなどと述べて、浄化槽の改良工事を行うことを求めた。Yは、これに応じて同年9月に浄化槽の取替工事をした。さらに、Xは、平成27年10月9日、Yに対して、店舗が不衛生であるとして、本件建物を一旦スケルトンの状態にするように申し入れた。なおXは、この間（平成27年7月分以降）の賃料を支払っていない。

Yは、平成27年10月23日付けで、Xが賃料3か月分を滞納したこと等を理由にして、催告をすることなく、本件契約を解除する旨の通知をし、同通知は同月28日Xに到達した。

これに対しXが、本件建物の浄化槽を放置したまま飲食店を開業することは不可能であり、Yには本件建物を一旦スケルトンにすることについて真摯に話し合う義務があったにもかかわらず、それを履行せずに契約を解除したことは、Yの本件建物を使用収益させるべき義務に違反する債務不履行であるとして、敷金190万円、4～6月分の支払い済賃料57万円、開業準備費用174万円余（店舗デザイン費用69万円余、人件費105万円）の計421万円余等の損害賠償を請求したのが本

136

事案である。

●相手方（Y）の言い分●

これに対しYは、本件建物が使用できない状態であったのは、浄化槽の改良工事期間である9月11日から21日の11日間だけであり、本件建物はその11日間を除く約6か月半は使用可能であって、その間の賃料は発生していること、Xは賃料の支払をしないだけでなく、更に過大な要求をしてくることから本件賃貸借契約解除の意思表示をしたものであって、契約解除は有効であり、Yに債務不履行はないことなどを主張している。

●裁判所の判断●

裁判所は概ね次のように判断し、Xの請求を一部認容しました。

（Yの債務不履行について）

① 浄化槽からは小バエが多数発生しており、店舗内の衛生状態が安全であるとはいえず、本件建物は、飲食店舗として使用することが不適当な状態であったことが認められる。したがって、平成27年7月からXが工事終了の連絡を受けた同年9月30日までの間は、本件建物の賃料債権は発生していないから、その間の賃料の未払いは賃借人の債務不履行には当たらず、よってこの点を理由とした賃貸人による契約解除は理由がない。

② 平成27年10月以降については、賃借人が賃料を支払うべきか否か判断がつきかねる状況にあったことから、本件契約に無催告解除の特約があるとしても、解除に当たってYは、Xに対して催告を行うべきであった。

③ 以上の①②の点からすれば、Yによる本件契約の解除は無効と解される。Xにとってみれば、Yの責めに帰すべき事由により本件契約の継続が不可能となったと評価することができることから、Yには債務不履行に基づく賠償責任があるというべきである。

（損害について）

④ 少なくとも平成27年7月からXが工事終了の連絡を受けた同年9月30日までの間は、本件建物の賃料債権は発生しないというべきであり、同年10月以降はYが本件建物を管理していたことから、Yは、同年7月分以降の賃料相当額を敷金から差し引くことはできず、Xに返還する必要がある。

⑤ 一方、同年6月以前においては、本件建物が賃貸借の対象物として不適当であったとは直ちにはいえず、Xが開業準備を直ちに行わなかったことがその損害発生に寄与したという見方もできることから、平成27年4月から6月までの分としてXが支払った賃料57万円は、損害と認めることはできない。

⑥ 店舗デザイン費用については、本件契約が継続できなかったことによってXに生じた損害と認めることができる。

⑦　人件費については、Xが損害として主張する給与の支払は、想定よりも早く採用してしまったために必要となったものであり、また、店長候補者は、その雇用期間中、Xの経営する他の店舗において稼働していたことが認められるので、これらは、Yの債務不履行と因果関係のある損害とは認められない。

（結論）

⑧　よってXの請求のうち、債務不履行に基づく損害賠償69万円余の支払と、過剰に差し引かれた敷金190万円等の返還については理由がある。

○本事例を検討する際の留意点

上記判決からすれば、本事例においては、実際に賃料が発生しないと評価されるのはどの期間か、賃貸人がなした契約解除は有効といえるのかなどについて、事実関係を踏まえて確認のうえ、対応を検討することが大切です。

仮に賃貸人に損害賠償の義務が生じるとしても、その賠償額（損害額）については、一連の経緯や具体的な事実関係をもとに検討すべきことに注意する必要があります。

○本事例及び上記判決から学ぶこと

本事例や上記判決の事案は、賃貸物件の設備の不良により、賃借人の賃借目的が達成されないことから起こったトラブルです。

宅建業者・宅建士は、賃貸人が賃貸しようとしている物件につき、設備関係も含めて確認し、不具合等が明らかな場合や、賃借人から示された使用目的に支障が生じるような場合には、賃貸人に適切な措置を求めることが大切でしょう。

また、管理業者は、賃借人が、修繕等の対応が不十分であるなどとして賃料の支払いを拒否しているような場合には、物件を利用できている限り賃料（一部滅失等により減額されていると評価される場合もあります）が発生し、安易に一切の賃料を支払わないとすることは契約解除にもつながり得ることを賃借人に説明し、適切な対応を求めることが大切です。

Q⁴⁷ 築後57年を経過した木造平屋住宅の賃借人に、建物の明渡しと賃料相当額の支払いを求めたい。

　私は築後57年を経過した木造平屋建て住宅の賃貸人ですが、建物の老朽化が激しく大地震の際は倒壊の危険もあります。賃借人は高齢で疾病がありますが、周辺に居住できる物件もあるので、今度の契約の更新の時期に、更新をしないで、建物の明渡しと賃料相当額の支払いを求めたい。　　　（賃貸人／個人）

■関連裁判例の紹介▶

　本事例を検討するに当たっては、令和元年12月12日東京地裁判決が参考となります。

【上記判決の概要】
●事案の概要●
（X：賃貸人　Yら：賃借人　A：前賃貸人　B：前賃借人）

　亡Aは、昭和37年7月16日所有していた木造平屋建て戸建住宅（本件建物）について、亡Bとの間で、使用目的を居住用、賃貸期間を2年間、賃料を月額23千円とする賃貸借契約（本件契約）を締結し、貸し渡した。

　本件契約は、昭和39年7月30日、亡A及び亡Bの合意により、昭和43年7月15日まで延長され、その後は法定更新により、少なくとも平成30年1月6日までは継続された。この間賃料は、平成15年2月分から92千円に増額された。

　また、賃貸人の地位は、昭和53年9月8日に亡Aの死亡により長男亡Cに承継され、昭和55年11月24日に亡Cの死亡により、亡Cの妻Xに承継された。賃借人の地位は、平成24年10月12日に亡Bの死亡により、亡Bの妻Y1及び長女Y2（Yら）に承継された。

　Xは、平成29年7月6日にYらに到達した内容証明郵便をもって、本件賃貸借契約を平成30年1月6日限りで解約する旨の通知（本件解約告知）をし、本件建物の明渡を求めた。

　しかしYらがこれに応じないことから、XがYらに対し、本件建物の明渡しと、平成30年1月7日から明渡し済まで賃料相当額の支払いを請求したのが本事案である。

　訴訟では、Xは、解約には正当事由があるとして、その内容を次のように主張している。

・本件建物は、築後57年を経過した木造平家建て建物であり、耐用年数（22

年）を優に超過して老朽化が著しく、評価額は29万余円である。また、旧耐震基準の建物であるため、近く発生するといわれている首都直下型大地震の際には倒壊の危険性もある。耐震性を確保するためには相当大規模な修繕が必要となり、多額の費用がかかって不合理であるから、本件建物は建替えの必要性が認められる。

・Ｙらが本件建物の賃料と同レベルの8～10万円の賃料で居住し得る物件は周辺にも複数あるし、Ｘは代替物件を提示する用意もある。

・Ｙらは、解約に応じない理由としてＹ１の疾病を挙げるが、Ｙ１は重篤な疾病にあるとはいえ、転居が取り返しのつかない事態に至るとの主張は、過剰評価と言わざるを得ない。また、本件建物から通院先へのアクセスが特段良いわけでも、その通院先でなければ加療困難なものでもない。

・立退料として840万円又はこれと各段相異のない範囲において相当額の金員を提供する。

●相手方（Ｙら）の言い分●

これに対しＹらは、本件建物は、経年による陳腐化は否定できないものの、一級建築士の意見書によれば、早急に耐震補強工事や建替工事を要する状況になく、比較的平易かつ安価の補強が可能であるし、Ｙ１は昭和9年生まれの高齢である上、過去に心臓カテーテル手術を受け、心臓の動脈瘤のほか、呼吸器に問題があり、健康面で様々な大きな不安を抱えており、転居は取り返しのつかない事態を招きかねないなどと主張している。

●裁判所の判断●

裁判所は概ね次のように判断し、Ｘの請求を棄却しました。

（正当事由について）

① 我が国の木造建物には旧耐震基準の建物が多数あると考えられ、その全てが現在直ちに建て替える必要があるといえるものではない。そして、一級建築士の意見書によれば、本件建物は、昭和34年の新築当時、建築確認及び完了検査を受けた建物で、現在でも一般に採用されている鉄筋コンクリート造の布基礎で、全体として矩形のそれほど複雑でない平面をした瓦葺き平家の建物である上、全体的に壁量が多いことから、平成12年改正後の壁量に関する基準に準じている可能性が高く、現況のままで、ある程度の規模の地震には対応することができ、早急な耐震補強工事や建替工事が必要とはいえないとされている。

② Ｙ１の疾病のうち、特に肺気腫の進行は著しく、医師から風邪でも生命に関わる事態になるとの注意喚起がされる状況にある。そして、Ｙ１が、既に平均寿命に相応する老齢にあることをも考慮すると、本件建物からの転居が生命・

身体に関わる事態を引き起こすのではないかという懸念には合理的な根拠があるということができる。Y1には、客観的にみて、本件建物につき、極めて高い自己使用の必要性があるというべきである一方で、Xの建替計画は、X自身が直接本件建物を使用するというものなどではない。

③　以上からすれば、Yらを直ちに退去させ、本件建物を建て替える必要性をうかがわせるような事情は見当たらず、立退料による正当事由の補完を検討するまでもなく本件解約告知に正当事由があると認めるのは困難である。

○本事例を検討する際の留意点

　上記判決を踏まえれば、本事例においては、「建物の老朽化が激しく大地震のときには倒壊の危険がある」とする相談者の主張が、建築の専門家等の意見を踏まえた客観的な評価であるのか、賃借人が本件住宅を使用し続ける必要性がどの程度あるのかなどについて、事実関係を踏まえて確認のうえ、対応を検討することが大切です。

　建物の老朽化のみでは正当事由が認められることは困難であり、立退料の提供があったとしても、上記判決の事案にように賃借人にその物件を使用し続ける必要性が強く認められるときには、賃貸人からの解約が認められるのは困難であることにも注意が必要です。

○本事例及び上記判決から学ぶこと

　契約期間中に賃貸人から契約の解約を申し出るに当たっては、解約が正当と認めるだけの事由（正当事由）が必要とされます。その判断は、借地借家法28条に基づき、賃貸人及び賃借人が建物を必要とする事情や建物の老朽化等の現況、補完的事由としての立退料の提供などが総合的に勘案されます。

　管理業者は、賃貸人が解約を検討している場合には、個別具体的な事情のもと、正当事由が認められるのかをしっかりと検討のうえ、適切な対応を助言することが大切でしょう。

当初予定した賃料が得られていないので、サブリース会社との契約を解除したい。

　サブリース会社との間で賃貸借契約を締結していますが、想定していた賃料も得られておらず、また、納税資金の捻出のため可能な限り高額で売却したいので、賃貸借のない状態にしたいと考えています。サブリース会社との間の契約を解除できますか。　　　　　　　　　　　　　　　　　　　（賃貸人／個人）

■関連裁判例の紹介▶▶▶▶▶▶▶

　本事例を検討するに当たっては、令和元年11月26日東京地裁判決が参考となります。

【上記判決の概要】

●事案の概要●

（X1・2：賃貸人　X3：前賃貸人　Y：サブリース会社）

　法人X3は、平成16年まで住宅3住戸を購入後、サブリース会社Yとの間で、3住戸とも賃貸借契約（本件契約）を締結した。その後、いずれも契約更新を繰り返し、平成27年8月4日に、X3の取締役であるX1、X2が、X3から3住戸とも購入し、賃貸人となり、更新を繰り返した。

　しかし、Xらは、1住戸は平成29年9月から5か月間転借人がいなかったため、Yから空室免責を理由に賃料の支払を受けられず、他の2住戸も当初賃料は21万8,700円、16万4,700円であったが、数回の減額があり、保証賃料である17万4,250円、14万250円に減額されている。

　Xらは、本件契約にはいつでも解約することができる旨の定めがあることから、平成29年7月24日付の書面により、Yに対し3住戸とも期間満了日をもって更新しない旨通知したが、Yは同期限経過後も3住戸の占有を継続した。

　そこで、Xらが、本件契約の終了による住戸の明渡しを請求したのが本事案である。

　なお、X3とYが平成16年に賃貸借契約を締結した本件とは別の建物については、平成19年3月頃契約を解約したが、Yから借地借家法28条に基づく主張はなく、解約金や立退料等の支払いも求められなかった。

●相手方（Y）の言い分●

　これに対しYは、本件の契約は、転貸を予定したサブリース契約であるが、サブリース契約であっても当然に借地借家法の適用があるところ、Xらの解約には正当事由がないと主張している。

●裁判所の判断●

裁判所は概ね次のように判断し、Xの請求を棄却しました。

（借地借家法28条の適用について）

① 本件契約は、いずれもXらから3住戸を賃借したYが第三者に転貸すること
を目的として締結したサブリース契約であり、満室保証契約や滞納保証契約が
一体化しているものであるが、いずれもXらがYに対して建物を使用収益さ
せ、YがXらに対してその対価としての賃料を支払うものであるから、借地借
家法の適用の対象となる建物の賃貸借契約である。したがって、本件契約には
同法28条の規定も適用されるし、いつでも解約ができる旨の契約条項は、同法
30条により無効である。

（借地借家法28条が定める正当の事由の有無について）

② 借地借家法28条の適用がある本件契約の更新をXらが拒絶するには、借地借
家法26条1項の通知のほかに、同法28条の正当事由の具備が必要となる。

③ 本件でYは、3住戸を転貸することにより転貸料等の収入を得るサブリース
事業をしているのであるから、Yにとって建物賃借権が存在することは事業の
根幹をなす重要なものであり、Yは3住戸から安定的に収益を得ていたことが
認められる。一方、納税資金の捻出のために3住戸を可能な限り高額で売却す
る必要があり、賃貸借のない状態で売却したいとのXらの要望自体は、自己使
用の必要性が大きいものとはいえず、その他の事情も借地借家法28条の正当事
由において考慮すべき事情として大きなものとはいえない。

④ もっとも、Yが3住戸を使用する必要性が収益を得ることに尽きることも考
慮すると、借地借家法28条の正当事由の有無を判断するに当たっては、サブ
リースではない賃貸借と比べて、財産上の給付の申出を、より大きな判断要素
として考慮することができるものというべきである。しかし本件において、X
らからの立退料の申出はない。

⑤ 以上から、Xの更新拒絶には正当事由があるとはいえない。

（信義則違反について）

⑥ また、Xらは、Yが自由に解約できる旨の内容の契約書を作成して契約を締
結しながら、後にXらの解約申入れが借地借家法に反する旨の主張は信義則に
反すると主張するが、本件契約における自由な解約申入れの定めは無効である
から、Yが借地借家法に基づく主張をすることは信義則に反するとはいえな
い。

（結論）

⑦ よって、更新拒絶に基づくXらの請求には理由がない。

〇本事例を検討する際の留意点

上記判決からすれば、本事例においては、賃借人（サブリース会社）の事業としての使用目的や事業収益等も考慮しつつ、相談者の自己使用の必要性など借地借家法28条に定める正当事由があるといえるかについて、事実関係を踏まえて確認のうえ、対応を検討することが大切です。

〇本事例及び上記判決から学ぶこと

　サブリース契約においても、借地借家法28条が適用となるため、賃貸人からの解約申入れには正当事由が必要とされますが、正当事由は、サブリース会社の事業としての使用目的や事業収益等の状況により判断されることになります。

　賃貸住宅の管理業務等の適正化に関する法律の施行に伴い、令和2年12月15日以降、サブリース業者（同法では「特定転貸事業者」と言います）は、契約締結前に、賃貸人となろうとする者に対する重要事項説明の中で、借地借家法28条が適用となる旨を説明することが必要とされています。

　また、サブリース業者と賃貸人との間の賃貸借契約書案はサブリース業者側が提示することが多いと思われますが、特定転貸事業者が、いつでも解約できるといった無効な条項を含む契約書案を賃貸人に示すことは、信義誠実義務に反すると評価される可能性があります。

　特定転貸事業者や、特定賃貸借契約を仲介等する宅建業者・宅建士は、借地借家法との関係もしっかりと踏まえ、重要事項説明や契約成立時の書面（契約書）を作成することが大切です。

Q49 賃借物件に入室できないようにし、家財も搬出した賃貸人に対し損害賠償請求をしたい。

賃貸人が、賃料滞納を理由に、賃借物件への立入りを不可能にし、また、自分たちの家財道具一式を撤去及び処分しました。賃貸人に対して、不法行為に基づく損害賠償を請求したい。　　　　　　　　　　（賃借人／個人）

■ 関連裁判例の紹介 ■

　本事例を検討するに当たっては、平成30年3月22日東京地裁判決が参考となります。

【上記判決の概要】

● 事案の概要 ●

（X1：賃借人　X2：同居人　Y：賃貸人）

　賃借人X1は、平成24年5月頃、賃貸人Yが所有するビルの一室（本件貸室）を紹介され、期間を2年間、賃料等を月額9万円とする定期建物賃貸借契約を締結し、妻X2と入居したが、平成25年5月分から7月分までの賃料等を滞納した。

　同年8月1日、Yは、X1らが外出中に、玄関扉の鍵穴部分を覆うカバーを取り付け（本件取付）たため、帰宅したX1らは入室することができず、その後、X1らはネットカフェ等で別々に生活していた。

　8月26日、X1は、Yの指示によりY事務所に赴くと、Yは、X1に契約解除・明渡し合意書を示しながら、同合意書に署名押印したら入室できるようにする旨述べ、合意書の取り交わしを迫った。

　X1は、合意書の明渡期限が9月10日までと短かく不満であったが、入室したい一心で、合意書に署名押印し、Yはカバーを取り外した。同日夜、X1が入室したところ、本件貸室内は荷物が散乱し、薄型テレビ、バッグ等がなくなっていたが、冷蔵庫や衣類等は残っており、Xらは、当面必要な物を持ち出し、その後も何回か衣類等の生活必需品を持ち出した。

　9月12日、X1が入室したところ、8月26日の時点ではあった家財道具の他、Xら家族の写真やビデオ、手紙や葉書等の思い出の品々もなくなっていたため、X1は弁護士に相談した。

　11月29日付で、弁護士は、Yに対し、本件取付行為やXらの家財道具の撤去・処分行為（本件撤去・処分行為）は違法である旨指摘し、Xらの家財道具一式に相当する金銭賠償と相当額の慰謝料の支払いを求めたが、Yは応じなかった。

　以上のような経緯のもと、XらがYに対し、不法行為に基づく損害賠償を請求したのが本事案である。

●相手方（Y）の言い分●

　これに対しYは、X1が明渡し合意書に署名押印したにも関わらず明渡しをせずに居座られては困ると考えて一連の行為をしたものであり、不法行為とはならないと主張している。

●裁判所の判断●

　裁判所は概ね次のように判断し、Xの請求を認容しました。

（不法行為について）

① 　Yの本件取付行為及び本件撤去・処分行為が、X1らに対する不法行為を構成することは明らかである。

（合意書による違法性阻却について）

② 　X1とYとの間の合意書には、X1が平成25年9月10日以降に本件貸室内に残置した動産をYが処分することができる旨の定めがあるが、この合意書は、本件取付行為という不法行為を行ったYが、「X1において署名押印すれば鍵穴のカバーを外す」旨述べて署名押印させたものであるから、本件合意書による合意によって、本件撤去・処分行為の違法性が阻却されるものでない。

（結論）

③ 　よって、Yの不法行為に基づくXの請求には理由がある。

○本事例を検討する際の留意点

　上記判決からすれば、本事例においては、家財道具一式の撤去・処分に至った経緯・理由について、事実関係を踏まえて確認のうえ、対応を検討することが大切です。

　上記判決の事案のように、撤去処分に係る合意書が作成されていた場合であっても、合意書作成の経緯等によっては、その効力が否定されうることにも注意する必要があります。

○本事例及び上記判決から学ぶこと

　賃借人が賃料を滞納したときや、賃借人が賃貸人からの退去請求に応じない際に、賃貸人や管理会社、家賃債務保証会社自らが、賃借人を入室できないようにしたり、賃借人の荷物を搬出したりすることは、不法行為に該当します。

　管理業者は、家賃滞納の回収のために、入室できないように鍵を交換したり、賃借人の家財道具等を処分することはできないことを改めて確認のうえ、法令に従った滞納家賃の回収方策を検討することが必要です。また、契約が終了して賃借人からの明け渡しがなされた後の残置物の処分については、当事者間での合意があれば可能と考えられますが、上記判決の事案のように、合意書作成の経緯によってはその効力が否定されることに注意しなければなりません。

Q⑤⓪ 賃貸建物を来日時に自己使用したいので、契約期間の満了により、賃借人に建物を明渡してもらいたい。

　私（賃貸人）は外国籍で、自国と日本の貿易の仕事をしていますが、日本に所有する賃貸建物を、来日の際の住所又は居所として使用したいと考えています。今の賃借人には契約期間満了をもって更新を行わない旨通知しましたが、応じてくれないので、建物の明渡しを請求したい。　　　　（賃貸人／個人）

▶関連裁判例の紹介◀

　本事例を検討するに当たっては、令和元年7月5日東京地裁判決が参考となります。

【上記判決の概要】
●事案の概要●
（X：賃貸人　Y：賃借人）

　賃貸人Xは、平成28年12月、従前の所有者から本件建物を購入した。従前の所有者は、賃借人Yの間で、本件建物につき次のような内容の賃貸借契約（本件契約）を締結していた。

ア	賃料：7万4千円
イ	共益費：7千円
ウ	賃貸期間：平成27年12月～平成29年12月
エ	敷金・礼金：7万4千円
オ	解約予告：賃借人は賃貸人に対し2か月前まで、賃貸人は賃借人に対して6か月前まで

　平成29年6月、XはYに対して、本件契約について同年12月の契約期間満了時をもって更新しない旨通告したが、Yはこれに応じなかった。

　そこでXが、自国と日本の間の貿易の仕事で来日した際、あるいは休暇を日本で過ごす際に、本件建物を自己使用する必要性があるとして、本件契約の更新を拒絶し、Yに対し建物の明け渡し等を請求したのが本事案である。

●相手方（Y）の言い分●

　これに対しYは、従前の所有者とは更新の合意もあり、Xはそのことを知りながら本件建物を購入したのだから、Yによる本件建物の使用を脅かすようなことはすべきではないと主張している。

●裁判所の判断●

裁判所は概ね次のように判断し、Xの請求を棄却しました。

（更新拒絶等における正当事由の判断について）

① 建物賃貸借契約における更新拒絶等における正当事由は、建物の賃貸人及び賃借人が建物の使用を必要とする事情のほか、建物の賃貸借に関する従前の経過、建物の利用状況及び建物の現況並びに建物の賃貸人が建物の明渡しの条件として又は建物の明渡しと引換えに建物の賃借人に対して財産上の給付をする旨の申出をした場合におけるその申出を考慮して、判断される。（借地借家法28条）

（当事者双方の物件の使用の必要性について）

② Yは、平成27年11月、住居として使用する目的で、前記ア～オの内容で本件契約を締結し、本件建物に入居し、入居後も建物を住居として使用している。

一方、Xは外国で会社を経営しており、物品の輸出入及び貿易を行う会社の役員として、業務及び休暇で来日した際に日本における住居として本件建物を使用することを想定している。（なおXは、実際に月に1回から2回程度来日している。）

（建物の現況について）

③ 本件建物は、昭和57年に新築された鉄筋コンクリート10階建ての7階部分であるが、老朽化等の事情により、Yの居住の継続が困難であるとか、大規模な修繕等を要するなどといった事情は認められない。

（結論）

④ 以上によれば、Xの本件建物の使用を必要とする事情は、Yの本件建物の使用を必要とする事情を上回るものと認めることはできないし、本件契約に関する従前の経過、本件建物の利用状況及び現況等に照らしても、Xの更新拒絶に係る正当事由を認めることはできない。よって、更新拒絶に基づくXの請求には理由がない。

○本事例を検討する際の留意点

上記判決からすれば、本事例においては、相談者は賃貸人の地位を承継し、前賃貸人と賃借人との間の賃貸借契約関係を承継していることを前提に、賃借人側の本物件の使用の必要性など相談者が更新を拒絶するに当たって必要とされる正当事由が認められるかについて、事実関係を踏まえて確認のうえ、対応を検討することが大切です。

○本事例及び上記判決から学ぶこと

建物賃貸借契約において、賃貸人が更新を拒絶する場合には、「正当事由」が

必要となります。「正当事由」の判断に当たって考慮される要素は、①賃貸人及び賃借人が建物の使用を必要とする事情、②建物の賃貸借に関する従前の経過、③建物の利用状況、④建物の現況（建物の老朽化等）、⑤賃借人に対する財産上の給付（立退料）であり、①から④の要素が考慮されたうえで、⑤賃貸人による「立退料の提供」が補完的な事由として考慮されることとなります。

　最近、本事例や上記判決の事案のように、日本の借地借家制度に不慣れな外国籍の賃貸人が、自己使用を目的に賃貸物件を購入し、借地借家法上必要とされる更新拒絶や解約申入れの際の正当事由を満たすことが困難であると評価されるにもかかわらず、その賃借人に立退きを求める事案が見られます。

　宅建業者・宅建士は、法制度や商慣習が異なる外国籍の顧客の依頼により賃貸借の媒介を行う際には、後々トラブルが生じないよう、関連する日本の法制度や商慣習について適切にアドバイスすることが大切です。

Q51 耐震性能不足により契約を解除したことから、既払い賃料や敷金の返還を求めたい。

　私は、店舗建物の賃借人でしたが、建物の耐震性能不足を理由に退去したことから、既払賃料や敷金の返還を賃貸人に求めたい。なお、賃貸人からは、原状回復工事が未了であるとしてその費用と、解約予告期間の賃料の支払いを求められています。　　　　　　　　　　　　　　　　　　（賃借人／法人）

▶ 関連裁判例の紹介 ▷▷▷▷▷▷▷▷▷

　本事例を検討するに当たっては、平成29年11月28日東京地裁判決が参考となります。

【上記判決の概要】
●事案の概要●
（Ｘ：賃借人　Ｙ：賃貸人）

　平成12年1月、昭和55年築のビル（本件建物）の1階及び2階部分（本件店舗）について、賃借人Ｘは、賃貸人Ｙとの間で賃貸借契約（本件契約）を締結し、本件店舗で喫茶店の営業を開始した。その後、本件契約は条件を変更しつつ、平成24年1月までに数回更新された。

　平成25年10月、Ｘは本件建物の外壁の一部に崩落の恐れがあると認識し、店舗を休業してその対応工事を実施し、その後引き続いて本件建物の調査を行ったところ、①2階庇部分の塗装剤の剥離、②外壁タイル及びモルタルの剥離、③2階サッシガラスのひび割れ、④雨漏り（①〜④を合わせて「各事象」）があることが判明した。これを受けてＸは、Ｙに対して本件建物の修繕・耐震診断の実施等を求めたものの、Ｙはこれらに応じなかった。

　平成26年3月、ＸはＹに対して、平成25年10月以降本件店舗は本件建物の歪みや耐震強度不足により使用不能になっており、平成25年10月末日をもって本件契約は当然に終了しているとして、同年11月分から翌年3月分までの既払い賃料の返還を求めた。しかしＹがこれに応じなかったことから、平成26年5月、Ｘが、本件店舗をその現状のままで明渡し、Ｙに鍵を返還した上で、既払い賃料と保証金の返還を請求したのが本事案である。

●相手方（Ｙ）の言い分●

　これに対しＹは、Ｘが指摘する各事象は、Ｘの看板設置や内装工事によって生じたものであると主張している。また、Ｙは、本契約は平成26年3月に終了したものの、Ｘは本契約で賃借人の義務とされていた原状回復を実施せず、平成27年

2月までにYの負担によりその工事を行ったことから、当該工事費用及び明渡遅延による違約金等の支払いを求める反訴を提起している。

● 裁判所の判断 ●

　裁判所は概ね次のように判断し、Xの請求を棄却し、Yの反訴請求を一部認容しました。

（Xの本訴請求について）

① 本件建物は旧耐震基準により建築されたものであり、平成25年10月時点でXが主張する各事象が生じていたとは認められるが、これら各事象はXが行った看板設置工事と無関係であるとも、本件店舗に係るX側の修補により改善できないものであるとも認められない。また、旧耐震基準の建物であることにより、直ちに本件店舗の安全な使用が不可能になると評価することはできず、Yが本件建物の安全性を保証する義務を負っていたとも解せない。

② したがって、平成25年10月時点で本件店舗が使用不可能になり本件契約が終了したとは認められず、平成26年3月のXの解約申入れにより本件契約が終了したものと解されるため、Xの既払い賃料の返還請求には理由がない。

（Yの反訴請求について）

③ 本件契約の定めによれば、賃借人は6か月前の解約予告が必要とされているところ、Xが解約予告をしたのは、平成26年3月と解され、Xはその後6か月分の賃料相当額の支払義務を負う。

④ 本件契約は、Xの前記解約申入れにより終了したが、Xは本件契約に定める原状回復義務の履行を怠ったまま退去したことから、Yの請求のうち通常損耗と解されるものを除いた原状回復費用についてXは支払義務を負う。

⑤ Yは、平成27年2月までの間に、Xに代わり原状回復工事を行ったことが認められる。Yが行った工事の中にはXの原状回復義務にはあたらないものが含まれているものの、これによって工事期間が長期化したとは認められないことから、工事終了日がXの明渡し日と評価することができる。したがって、Xの解約申入れにより本件契約が終了した平成26年9月から平成27年2月までの間について、Xは本件契約に定める遅延損害金の支払義務を負う。

〇本事例を検討する際の留意点

　上記判決からすれば、本事例においては、契約時に耐震性能が確保されている建物であることを条件として賃貸借契約が締結されたものであるか、相談者が賃貸借の目的を達成することができない状態であったといえるかなどについて、事実関係を踏まえて確認のうえ、対応を検討することが大切です。

　なお、賃貸人側からの請求に関しては、相談者には原状回復義務があることを前提に、適切に対応するよう助言する必要があります。

〇本事例及び上記判決から学ぶこと

　上記判決の事案のように、耐震性能が確保されている建物であることを条件として賃貸借契約が締結されたものでなければ、耐震性能が不足することのみを理由とする賃貸借契約の解除が認められることは困難です。

　宅建業者・宅建士は、賃貸借の際の賃借人による使用目的の説明や賃貸物件に求める条件などをよく確認し、手続を進めることが大切です。

　また、管理業者は、原状回復については、民法や契約書、原状回復ガイドラインなどを踏まえて、その範囲と賃借人の負担を決定すべきこと、そもそも原状回復の範囲を超えたバリューアップに係る費用を賃借人に請求することはできないことに注意する必要があります。

当社が賃貸する建物の賃借人（法人）との間で賃貸借契約の解除に合意しましたが、建物の入居者（個人）が、「自分が実際に入居し、賃料を支払っていたので、契約解除は無効だ」と言っています。建物の明渡しを求めることができるでしょうか。　　　　　　　　　　　　　　　　　　　　　（賃貸人／法人）

▌関連裁判例の紹介▐ ⟫⟫⟫⟫

本事例を検討するに当たっては、平成29年8月23日東京地裁判決が参考となります。

【上記判決の概要】
● 事案の概要 ●
（X：賃貸人　Y：入居者　A：賃借人（法人）　B：賃借人代表者）

賃借人A（法人）は、本件貸室について、従業員住宅として使用する目的で、賃貸人Xとの間で賃貸借契約（本件契約）を締結し、Aの代表者Yが本件貸室に入居した。契約書の賃借人欄には、「A社　日本における代表者Y」との署名及びA社の代表者印の押印がされ、賃借人の連帯保証人欄には「Y」の署名及び押印がされていた。

その後、A社の日本における代表者にBが就任し、Yはその地位を退いた。BはA社の代表者として本件契約の解約をXに申し入れ、Xはこれを承諾した。

翌月、XはYに対し、本件契約の終了に基づく本件貸室の明渡しを求めたが、Yは本件契約の解約申入れは無効であると主張し、本件貸室の明渡しを拒否した。

そこでXが、「契約の賃借人が形式的にも実質的にもA社であることは明らかである。賃料の支払名義がYだったからといって、契約書に賃借人として記名押印していない賃料の支払名義人が当然に賃借人になることはあり得ず、BによりなされたA社の解約申入れが有効であることは疑いない。」として、Yに対し、本件契約の終了に基づく本件貸室の明渡しを請求したのが本事案である。

● 相手方（Y）の言い分 ●

これに対しYは、本件貸室の賃借人名義がA社であったとしても、本件貸室を現実に利用し、賃料を出捐していたのがYであることからすれば、実質的な賃借人はYであり、Xもこの事情を十分に承知していたと主張している。また、Yは賃料を遅滞なく支払っており、Xとの本件契約に係る信頼関係の破壊はなく、X

の契約解除の意思表示は無効であるとも主張している。

●裁判所の判断●

裁判所は概ね次のように判断し、Xの請求を認容しました。

（契約当事者について）

① 契約書の署名押印の形式や記載内容等に照らせば、YはA社の代表者として本件契約をXとの間で締結したことが認められ、賃借人がA社であることは明らかである。

② Yは、当初個人名義による賃借を希望していたが、Xの要請でA社名義で契約を締結したこと、Xとしては、賃料の支払能力等に鑑みて、あえてY個人との間ではなくA社との間で本件契約を締結し、その上で、Yに連帯保証させたことが認められる。このような契約締結の経緯及び署名押印の形式等に鑑みれば、Yとしても、A社を賃借人とするというXの意思について十分に認識し、承諾していたものと認めるのが相当である。

③ Yは、本件貸室に現実に居住し、賃料も負担していたのだから、実質的な賃借人はYである旨主張するが、本件貸室の使用目的が従業員住宅である以上、A社の代表者であるYが本件貸室に居住できるのは当然であるし、仮にYが賃料を負担していたとしても、A社が賃借した本件貸室の賃料を誰が負担するかはA社内部の問題であり、そのことによりXとの間で賃借人が一方的に変更されるものではない。

（信義則違反について）

④ Yは、本件貸室のあるマンションの他の住人には契約名義を法人名義から個人名義に変更した例があるにも関わらず、Yに関しては個人名義への変更を認めないのは不公平であるとも主張する。しかし、賃借人を法人にするか個人にするかは、賃貸人であるXが、当該主体の支払能力等を考慮して判断することであり、他の賃借人について法人名義から個人名義への切替を認めておきながら、Yについてこれを認めなかったとしても、不公平であるとまではいえず、賃貸借契約上の賃借人が誰であるかの認定に影響を与えるものではないし、Xによる本件貸室の明渡請求等を不当とするものでもない。

（信頼関係破壊について）

⑤ なお、Yは、XとY間に信頼関係の破壊はなく、本件契約の解約は無効と主張するが、本件契約の賃借人はA社であることは上記のとおりであり、XとY間の信頼関係を問題にする余地はなく、Yの主張は失当である。

（結論）

⑥ 以上から、A社との間での本件契約の終了に基づくXの請求には理由がある。

○本事例を検討する際の留意点

上記判決からすれば、本事例においては、契約書上の賃借人は誰なのか、使用目的は何か、賃借人と入居者が異なっている理由は何か（上記判決の事案では、法人賃借人の従業員住宅として使用することを目的とする賃貸借であり、かつ、賃料の支払能力を勘案して法人が賃借人となった経緯が認定されている）などについて、事実関係を踏まえて確認のうえ、対応を検討することが大切です。

○本事例及び上記判決から学ぶこと

上記判決の事案のように、会社の社員寮や社宅等とする目的で賃貸借をする場合には、賃借人の契約名義を法人とするケースと、実際の入居者である法人の社員個人とするケースがあります。

宅建業者・宅建士は、賃料の支払能力や、入居者が会社の社員ではなくなった場合の契約の存続の可否などを考慮し、賃貸人の意向を踏まえて賃借人の決定をすることが大切です。

また、管理業者は、賃借人側から賃借人の変更の要請があったときには、賃借権の譲渡とする方法と、従前の賃貸借契約を終了し新賃借人との間で新たに賃貸借契約を締結する方法の2つがあり、いずれも賃貸人の承諾が必要となることを踏まえ、承諾の可否を賃貸人に確認することが大切です。なお、賃借人ごとに取扱いを異にすることは可能ですが、本判決の事案のように、一定の合理的な理由（それぞれの賃借人の賃料の支払能力等を踏まえた取り扱いの差であるなど）があるかを確認しておくことも大切でしょう。

Q53 賃借人による保証委託契約の解除等により信頼関係が破壊されたので契約を解除したい。

建物の賃借人が、私（賃貸人）の承諾なしに保証会社との保証委託契約を解除しようとし、建物を訪れた保証会社の社員に暴力行為をはたらくといったことがありました。賃借人との信頼関係を維持することはできないので、賃貸借契約の解除を求めたい。 （賃貸人／個人）

■関連裁判例の紹介■

本事例を検討するに当たっては、平成30年6月5日東京地裁判決が参考となります。

【上記判決の概要】
●事案の概要●
（X：賃貸人　Y：賃借人　A：媒介業者　B：家賃債務保証業者）

賃貸人Xは、媒介業者Aを通じ、本件建物について賃料6万円余、保証会社必須との広告を出し、これを見た賃借人Yが賃借の申入れをした。

AはYに重要事項説明を行い、XとYは賃貸借契約（本件契約）を締結した。契約書には特約事項として、「Yが自己の責任と負担にて保証会社Bと保証委託契約を締結し、契約の更新も必ず行う。賃料は保証会社Bの口座振替により支払う。」との約定があった。YはBとの間で保証委託契約を締結し、保証委託料を支払った。

その後、YはXに対し、保証委託契約は賃貸人にのみ利益があり賃借人に利益がないので公序良俗に反し無効であるとして、保証委託契約の解除、保証委託料のX負担等を文書で通知した。

その翌月、Yは、2ヶ月分の賃料を現金書留によりXに送付したが、Xは契約に関する事項は媒介業者Aに委託しているので、Aに連絡するよう返信した。Yは、Xが賃料を受領しなかったため、賃料を法務局に供託した。以降、Yは賃料の供託を継続した。

一方、保証会社Bは、Yから「保証委託契約を解除した。保証料を返還してほしい」旨の内容証明郵便を受領した。BはYに連絡をしたが、書面による連絡を要請されたため、Bの社員が本件建物のYを訪問したところYからBの社員へ暴力行為があり、Bの社員は警察に被害届を出した。

そこでXは、Yに対し、内容証明郵便で本件契約の解除の意思表示をしたが、Yは書面を受け取らず、再送した書面についても受け取りを拒否した。

以上のような経緯のもと、XがYに対し、本件契約の解除と建物の明渡し及び

本件契約終了から建物明渡済みまでの賃料相当損害金の支払いを請求したのが本事案である。

● 相手方（Y）の言い分 ●

　これに対しYは、保証委託契約の内容に瑕疵があり、保証委託契約の解除について保証会社に内容証明郵便で通知していると主張するとともに、保証会社の社員に暴力を振るったことはなく、Xとの間の信頼関係は破壊されていないなどと主張している。

● 裁判所の判断 ●

　裁判所は概ね次のように判断し、Xの請求を認容しました。

（契約解除・信頼関係破壊について）

①　本件では、XY間の本件契約において、賃料不払いやYの建物の使用方法が不適切であるなどの事情を認めることはできない。

②　しかしながら、本件契約ではYが保証会社Bとの間で保証委託契約を締結することが特約事項とされているのに、Yは、本件契約の締結日から1～2ヵ月の間にXに保証委託契約の解約を申し出て、保証委託料の返還を求め、Bにも委託契約の解除通知を送付した事実が認められる。

③　本件契約では賃料はBによる口座振替での支払いとなっている。Yは、本件契約時の「当月及び翌月分」の賃料支払い方法が口座振替ではなかったことから、口座振替の必要性はなく、現金書留による送金も有効であると主張する。しかし、「当月及び翌月分」の賃料は本件契約成立時に媒介業者Aを通じて支払いをしたに過ぎず、本件契約の特約事項で賃料の支払は保証会社Bの口座振替による旨合意されていたことから、Yはこれを遵守すべきであり、Yの主張は採用できない。

④　Yは、来訪した保証会社Bの社員を押し倒し、廊下に押しつけるという暴力を振るい、後日、再度のBの来訪に際しても警察官を呼んだ。Yは暴力を振るったことを否認するものの、保証会社Bの社員の証言から、暴力を振るったものと認めることができる。

⑤　以上のとおり、Yが本件契約で定めた保証会社Bとの保証委託契約について理由がないのに解約を求め、また、合意した賃料支払方法に従わず、交渉に当たったBの社員に理由なく暴力を振るうなどの原因により、本件契約は、その基礎となる信頼関係が破壊されているといわざるを得ない。

（結論）

⑥　よって、Yの契約違反による本件契約の解除に基づくXの請求には理由がある。

○本事例を検討する際の留意点

　上記判決からすれば、本事例においては、賃借人に契約違反があり信頼関係が破壊されて契約解除が認められるか、保証会社との間で保証委託契約をすることが賃貸借契約で条件として定められているか、暴力行為が実際にあったのかなどについて、事実関係を踏まえて確認のうえ、対応を検討することが大切です。

○本事例及び上記判決から学ぶこと

　最近は、保証会社（家賃債務保証業者）の保証を活用した賃貸借契約が増えています。

　宅建業者・宅建士は、保証会社の保証を賃貸借契約の条件とする場合には、その旨を契約書中に明記することが大切です。

　また、管理業者は、賃借人から保証会社との契約を解約したいとの申し出があったときは、賃貸人の承諾なく保証委託契約を解約した場合には賃貸借契約の解除ともなりかねないことを指摘し、賃貸人としっかりと協議するなどの適切な対応を促すことが大切でしょう。

Q54 会社分割により違約金債務を負わないと主張する賃借人に違約金の請求を行いたい。

　私は、賃借人からの要請に基づき、私が所有している土地に賃借人が設計した建物を私の方で建築した上で、賃借人との間で建物賃貸借契約を締結しました。賃貸借契約書の内容では、契約当事者を実質的に変更したときには、相手側は違約金を請求することができると定めています。賃借人が、吸収分割後は責任を負わないとする吸収分割契約により賃借人の地位を承継会社に承継させたので、賃貸借契約に基づく違約金の請求を行いたい。　　　　（賃貸人／個人）

■ 関連裁判例の紹介 ▶▷▷▷▷▷▷▷▷

　本事例を検討するに当たっては、平成29年12月19日最高裁決定が参考となります。

＜上記決定の概要＞
●事案の概要●
（Ｘ：賃貸人　Ｙ：賃借人　Ａ：Ｙの吸収分割会社）

　平成24年5月、賃貸人Ｘと賃借人Ｙは、ＸがＹの設計により本件建物を建築した上で、Ｙが本件建物を有料老人ホーム運営の目的で、賃料月499万円（当初5年は月455万円）、期間20年で賃借する建物賃貸借契約（本件契約）を締結した。本件契約には、次のような特約事項が定められている。

・禁止事項：Ｙは第三者に対し、本件契約に基づく権利の全部又は一部の譲渡、本件建物の全部又は一部の転貸をしてはならない。

・中途解約：老人ホーム用の本件建物は他の用途に転用が困難であること、Ｘは本件契約が20年継続することを前提に投資していることから、Ｙは原則として本件契約を中途解約できない。

・解除条項：Ｙが本件契約の契約当事者を実質的に変更した場合などには、Ｘは無催告で本件契約を解除できる。

・違約金条項：本件契約の開始から15年経過前にＸが本件解除条項に基づき本件契約を解除した場合、Ｙは15年分の賃料額から支払済みの賃料額を控除した金額を違約金としてＸに支払う。

　平成24年10月、Ｘは約6億円をかけて本件建物を建築し、本件建物をＹに引き渡したが、Ｙの事業運営は当初から業績不振が続いた。

　平成28年4月頃、Ｙは、本件事業を会社分割によって別会社に承継させることを考え、Ｘに了承を求めたが、Ｘは了承しなかった。

平成28年5月、Yは資本金100万円を出資して設立した株式会社Aとの間で、本件事業に関する権利義務等（本件契約上の賃借人の地位を含む）及び1,900万円の預金債権をYからAへ承継すること、Yは本件事業に関する権利義務等について本件吸収分割の後は責任を負わないことなどを内容とする吸収分割契約を締結し、同年7月に本件吸収分割の効力が発生した。

　本件吸収分割の後、Aは賃料の大部分を支払わず、同年11月末時点で1,450万円が未払となったことから、平成28年12月、Xが、Y及びAに対し、本件契約を解除し、違約金条項に基づく違約金債権を被保全債権として、Yの第三債務者に対する請負代金債権の仮差押命令の申立てを行ったのが本事案である。抗告審ではXの主張を認め債権仮差押命令の一部につき認可決定がなされたので、Yがこれを不服として最高裁に許可抗告した。

●相手方（Y）の言い分●

　これに対しYは、本件吸収分割を理由に、違約金条項に基づく違約金債務は負わないと主張している。

●裁判所の判断●

　裁判所は概ね次のように判断し、Xの請求による債権仮差押命令一部認可決定を支持し、Yの抗告を棄却しました。

（吸収分割による承継について）

① 　吸収分割は、株式会社又は合同会社がその事業に関して有する権利義務の全部又は一部を分割後他の会社に承継させることであり、本件において、本件事業に関する権利義務等は、本件吸収分割により、YからAに承継される。

② 　しかしながら本件契約においては、XとYとの間で、本件建物が他の用途に転用することが困難であること及び本件契約が20年継続することを前提に、Xが本件建物の建築資金を支出する旨合意されていたものであり、Xは、長期にわたってYに本件建物を賃貸し、その賃料によって本件建物の建築費用を回収することを予定していたと解される。本件契約において、Yによる賃借権の譲渡等を禁止した上で解除条項及び違約金条項を設け、Yが契約当事者を実質的に変更した場合にYに対して違約金債権を請求することができることとしたのは、上記の合意を踏まえて、賃借人の変更によるXの不利益を回避することを意図していたものといえる。そしてYも、Xのこのような意図を理解した上で、本件契約を締結したものといえる。

（Yの違約金債務について）

③ 　Yは、本件契約の解除条項に定められた事由に該当する本件吸収分割をして、Xの同意のないまま、本件事業に関する権利義務等をAに承継させた。Aは、本件吸収分割の前の資本金が100万円であり、本件吸収分割によって違約

金債権の額を大幅に下回る額の資産しかYから承継していない。仮に、本件吸収分割の後はAのみが違約金債務を負い、Yは同債務を負わないとすると、本件吸収分割によって、Yは、業績不振の本件事業をAに承継させるとともに同債務を免れるという経済的利益を享受する一方で、Xは、支払能力を欠くことが明らかなAに対してしか違約金を請求することができないという著しい不利益を受けることになる。

（結論）

④　よって、YがXに対し、本件吸収分割がされたことを理由に違約金債権に係る債務を負わないと主張することは、信義則に反して許されず、Xは本件吸収分割の後も、Yに対して同債務の履行を請求することができるというべきである。

〇本事例を検討する際の留意点

　上記決定からすれば、本事例においては、建物賃貸借の経緯や契約当事者の実質的な変更の場合の違約金規定の趣旨などを、事実関係をもとに確認し、賃借人側の違約金の支払拒否が信義則上認められないとされる特段の事情があるかなどについて、専門家の意見を踏まえて確認のうえ、対応を検討することが大切です。

〇本事例及び上記決定から学ぶこと

　本来賃貸借開始後に賃借人が吸収分割等により変更となった場合、吸収分割などの後は承継会社のみが権利義務を承継することになります。ただし上記決定の事案のように、建物賃貸借に至る経緯（いわゆる建て貸しなど）から、建築費用の回収との兼ね合いで中途解約が制限され、違約金の設定などがなされているケースでは、承継会社の資力などを勘案し、元の賃借人に違約金請求をすることが可能となる場合があります。

　宅建業者・宅建士は、本事例のような建て貸しのケースなどでは、賃貸人が負担した建築費用の回収などを勘案した契約条件の設定などに十分配慮することが大切でしょう。

Q55 賃借人に共用部分の電源の無断使用等の悪質行為があるので、賃貸借契約を解除したい。

賃借人が、賃貸借契約の契約条件に違反する看板類の設置や共用部分及び共用電源の無断使用を行い、是正要請にも応じません。賃貸借契約を解除し、貸室の明け渡し、看板類などの撤去および損害金の支払を賃借人に請求したい。

（賃貸人／個人）

■ 関連裁判例の紹介 ≫≫≫≫≫≫

本事例を検討するに当たっては、平成28年12月2日東京地裁判決が参考となります。

【上記判決の概要】

●事案の概要●

（X：賃貸人　Y：賃借人）

平成25年10月、賃貸人Xは、賃借人Yとの間で、Xが所有するテナントビル（本件建物）の地下1階部分（本件店舗）の賃貸借契約（本件契約）を締結した。

本件契約には、Xが指定する場所以外に看板、広告等の表示をしてはならない旨の特約があったが、Yは本件建物の入口周辺や路上などに電飾看板、幟、ポスター等を設置したり、本件店舗の物品やごみを本件建物の共用部分に置いたりしていた。

平成26年1月、Xは、Yの看板用照明の電源が共用部分の電源であることを把握し、Yに対して抗議したが、Yは集客のためには看板用照明を使用し続けなければならないとして、共用部分の電源の使用を継続した。

さらに同年3月、Yが設置した幟が原因で本件建物内のエレベーターに人が閉じ込められるという事故や、本件店舗のアルバイトが無断で踊り場に置いていたゴミがエレベーターの扉が開いた際に中に崩れ落ち扉が塞がれるという事故が発生した。

以上のような経緯のもと、Xが、Yとの本件契約を解除し、Yに対し本件建物の明渡し等を請求したのが本事案である。

●相手方（Y）の言い分●

これに対しYは、以下のように主張している。

・Xは、Yに対し、看板や幟、電飾看板を設置することを認めていた。
・共用部分の電源を現在も使用していることは事実だが、Yは当初その事実を把握しておらず、発覚後は解消工事を試みたり、Xに対し電気料金の支払いを申

し出たところであるが、Xがこれに応じないため、やむなく使用を継続しているものである。

・Yの店長が無断でエレベーター付近に幟を設置した結果、幟が巻き込まれ人がエレベーターに閉じ込められる事故を発生させたことや、不慣れなアルバイトがエレベーターの運行に支障をきたす事故を引き起こしたことも事実だが、Yは当該事故後直ちに上記幟を撤去し、また従業員指導も徹底している。

●裁判所の判断●

裁判所は概ね次のように判断し、Xの請求を認容しました。

（看板や幟、電飾看板の設置について）

① 本件契約において、Xは、Yが本件店舗の周辺において各種の看板等を設置することについて、原則として（少なくとも黙示に）承諾していたと認めるのが相当であるから、直ちにこれを解除事由とすることはできない。

しかし、路上看板については、その設置は道路交通法に違反するものであるから、仮にXがいったんその設置を承諾していたとしても、法令違反を理由にその撤去を求めることは可能であると解される。したがって、Xの要請に従わずYが路上看板を設置し続けたことは、本件契約に違反する行為であると認められる。

（共用部分の電源使用について）

② 共用部分からの電源の無断使用が許されないことは当然であり、ひとたびその事実が判明したのであれば、Yとして速やかにこれを解消すべき義務を負うことは明らかである。

また、Yは、Xから共用電源の使用を止めるよう求められ、使用量に応じた電気代を支払うことにより共有部分の電源使用を継続することをXから断られたにもかかわらず、その後も各照明を点灯させるために共用部分の電源の利用を継続したのであって、悪質な行為と断じざるを得ない。

（エレベーター事故について）

③ エレベーターの入口前に幟を設置してエレベーターの利用を妨げ、エレベーターの事故を発生させ、共用部分にごみ等を置き事故を発生させたYの行為は、本件契約に違反するものであることは明らかである。

（結論）

④ よって、Yの本件契約違反を根拠とするXの請求には理由がある。

〇本事例を検討する際の留意点

上記判決からすれば、本事例においては、賃借人の看板類の設置や共用電源の無断使用の事実の有無、契約などでこれらが許容されていたか、相談者側の是正措置要請に対しどのような対応がなされたかなどについて、事実関係を踏まえて

確認のうえ、対応を検討することが大切です。

〇本事例及び上記判決から学ぶこと

　都心の繁華街に所在する飲食店が多く入居するテナントビルでは、違法看板を見かけることがありますが、路上看板の設置については通行人の通行の障害となるとともに、道路交通法に抵触する可能性があります。また、共用部分の無断使用や、無理な使用による共用設備の故障などは、火災等が発生したときに他の賃借人等の避難経路が塞がれ生命等の危機をもたらす可能性もあります。

　管理業者は、共用部分の無断使用や路上看板の設置の継続などがあったときは、速やかに是正を求めることが大切です。仮に賃借人が要請に応じないときは、契約の解除も視野に入れて、賃貸人に対応を助言することが考えられるでしょう。

Q⁵⁶ 実際の床面積が契約面積より狭いなどと主張して一方的に賃料を減額して支払う賃借人に対して、契約の解除及び建物の明渡しを求めたい。

事務所ビルの一室を約14年間賃借している賃借人が、契約上の床面積より実際面積が狭い等を理由として一方的に賃料等を減額して支払ってきます。建物賃貸借契約を解除し、事務所の明渡しを求めたい。　　　　　　（賃貸人／法人）

▌関連裁判例の紹介▌▶▶▶

　本事例を検討するに当たっては、平成27年11月2日東京地裁判決が参考となります。

【上記判決の概要】
●事案の概要●
（X：賃貸人　Y：賃借人　A：前賃貸人）

　平成11年6月、賃借人Yは前賃貸人Aとの間で8階建の本件ビルの2階事務所部分（本件貸室）につき、下記条件により賃貸借契約（本件契約）を締結し、本件貸室の引渡しを受けた。

（賃貸条件）

---

①　貸室：本件ビル8階建のうち2階46.31坪
②　賃貸期間：平成11年6月1日から3年間
③　賃料：月額50万9,410円（@1.1万円／坪）
④　管理費：月額11万5,775円
⑤　冷暖房機使用料：月額2万5,000円
　（登記上の床面積39.01坪。その後、3年毎に同一条件で更新されたが、平成17年以降の更新契約書から貸室面積「46.31坪」の後に、「（共用部分含む）」との記載がされている。）

　平成17年9月、現賃貸人Xは、本件ビルをAから買い受け、Xが本件契約における賃貸人の地位を承継した。

　平成25年12月ごろ、本件ビルの3階部分について、Xが「①貸室：坪数39坪、基準階坪数：46.31坪、②賃料：月額39万円（@1万円／坪）、③管理費は賃料に含む」との条件で賃借人を募集したことを知ったYは、本件貸室と同じ面積なのに賃料が異なる上、管理費や冷暖房機使用料を別途徴収しない等の契約条件の相違に不満を持ち、平成26年4月、Xに対し、「同月以降は月額賃料39万円（税別）及び電気使用料等のみを支払い、その余の支払は拒絶する、既払賃料のうち適正

賃料額を控除した差額の過払金について別途不当利得の返還を申し出る」と通知し、同月以降は賃料等を一方的に減額して支払うようになった。

　同年9月、XはYに対し、賃料の一部未払いを理由に契約解除の通知を行い、本件貸室の明渡しと、未払い賃料及び明渡しまでの本件貸室使用料相当額の損害賠償金の支払いを求めたが、Yが応じなかったため、訴訟となったのが本事案である。

●相手方（Y）の言い分●

　これに対しYは、契約上の床面積と登記上の床面積の差額7.3坪分は錯誤により無効であるか、もしくは本件賃貸借契約は数量指示賃貸借にあたるなどと主張し、Xは実際面積との差額賃料分等を法律上の理由なく利得したとして、2,225万円余の返還を求める反訴を提起した。

●裁判所の判断●

　裁判所は概ね次のように判断し、Xの請求を認容し、Yの反訴請求を棄却しました。

（錯誤無効・数量指示賃貸借について）

①　A又はXが、本件契約締結時及び各更新契約締結時に、Yに対して、専用部分のみで46.31坪の面積があることを示していたかどうかは明らかでない。また、平成17年以降の各更新契約時に作成された賃貸借契約書には、共用部分を含めて賃借面積が46.31坪であることが明記されており、Yが本件ビル2階の専用部分だけで46.31坪の床面積があると誤信してこれらの賃貸借契約を締結したとは認められないことから、Yに錯誤があったとはいえない。

②　さらに、賃貸借契約書で示された床面積46.31坪は、目的物が実際に有する面積を確保するために賃貸人が示したものとも、また、専用部分のみで上記面積があることを表示したものともいえないことから、本件契約は、Yが主張する「数量を指示して」なされた賃貸借契約とはいえない。なお、現にオフィスとして使用できない部分を付加したグロス面積を契約面積に含めた賃貸借契約も存在することが認められ、共用部分を契約面積に含めることが許されないとはいえない。

（管理費等の支払義務について）

③　Yは、本件ビル3階部分の当時の募集条件との比較において、本件契約における賃料額が不当であり、管理費及び冷暖房機使用料の支払義務には根拠がないと主張する。しかし、本件ビルの他の貸室と条件が異なることのみをもって、賃料等の支払義務を免れる根拠となるものではなく、また、Yは平成11年6月1日から継続的に本件貸室を賃借しているのであるから、両者の契約条件を単純に比較して本件契約における賃借条件の不当性を指摘する点でも相当とは

いえない。管理費及び冷暖房機使用料に関しては、Yがその支払義務を負うことが賃貸借契約書に明記されている以上、Yが支払義務を負うものである。

（無催告解除の有効性）

④　以上から、Yは、平成26年4月から同年8月までの間、賃借人としての基本的義務である賃料等の支払の一部を履行しないと明確に告げてその支払いを行わず、同年9月以降も同様の一部不履行を継続することが予測される状況にあったことから、Yには、Xが催告なく本件契約を解除できる背信性があるというべきである。

○本事例を検討する際の留意点

上記判決からすれば、本事例においては、契約における賃料が、実際の床面積を前提に算定されているのか、賃借人側の賃料の減額の主張に合理的理由があるかなどについて、事実関係を踏まえて確認のうえ、対応を検討することが大切です。

○本事例及び上記判決から学ぶこと

宅建業者・宅建士は、賃貸借契約における賃料の算定方法につき、当事者に誤解が生じないような契約書の記載に留意することが大切です。

また、管理業者は、借地借家法に定める賃料減額請求権の行使によらない賃借人の一方的かつ合理的根拠のない減額要請とそれに基づく減額後の賃料の支払は、賃料の一部滞納の継続と評価され、賃貸借契約の解除事由となることを賃借人に説明し、全額の支払いを求めるとともに、それでも一部不払いを継続するときは、契約の解除も視野に入れた対応を賃貸人に助言することが考えられます。なお、上記判決では、賃借人が継続的に賃借している場合には、他の貸室と異なる条件となることは認められるとしていることも参考となるでしょう。

※なお、令和2年4月1日施行の改正民法では、錯誤の効果は「無効」ではなく「取消し」とされたことにも注意して下さい。

Q57 更新しない旨の通知をしたし、自己使用する必要性があるので、賃借人に退去を求めたい。

営業用の賃貸物件の賃貸借について、自己使用する必要があることから契約を更新しない旨の通知をし、正当事由の補完として立ち退き料も支払うつもりです。賃貸物件における賃借人の営業活動のために別に契約している駐車場契約も終了させて、賃貸物件・駐車場のいずれからも退去することを賃借人に求めたい。 (賃貸人／法人)

■関連裁判例の紹介 ▶▶▶▶

本事例を検討するに当たっては、平成27年8月27日福岡高裁判決が参考となります。

【上記判決の概要】
●事案の概要●
(X:賃貸人　Y:賃借人　A・B:前賃貸人)

平成21年2月、賃借人Yはカラオケ店営業を目的として、賃貸人Aとの間で建物（本件店舗）を月額賃料70万円にて、賃貸人Bとの間で同店舗の駐車場土地（本件駐車場）を月額賃料30万円にて、平成21年3月より期間5年とする各賃貸借契約（本件各契約）を締結し、本件各不動産を賃借した。

平成25年1月、A及びBは、本件各契約を、期間満了となる平成26年2月末日をもって更新しない旨をYに対し通知した。

平成25年11月、Xは、自社ビルを建築するため、Aより本件店舗を、Bより本件駐車場を購入し、Yに対する賃貸人の地位を承継した。

XはYに対し、平成25年12月に更新拒絶の通知をし、さらに平成26年3月に本件各契約期間経過後の本件各不動産のYの使用に対し異議を述べる旨の通知をしたが、Yは明渡しに応じなかった。

そこでXがYに対し、主位的に本件各契約が終了しているとして、予備的にXには本件各不動産を自己使用する必要性があり、更新拒絶の正当事由の補完として当初は300万円を、その後1,000万円を支払う等として、本件各不動産の明渡しを請求したのが本事案である。

一審でXの請求が棄却されたことから、これを不服としてXが控訴した。

●相手方（Y）の言い分●

これに対しYは、自身の本件各不動産の使用の必要性が、賃貸人の本件各不動産利用の必要性をはるかに上回っていること、本件各契約の賃料額や、賃借人が

既に6年以上営業を続けてその信用等の評価は相当高額に評価されるべきであることなどを考えると、1,000万円程度の立退料では賃借人が移転した場合の経済的不利益は到底補うことができないなどと主張している。

●裁判所の判断●

　裁判所は概ね次のように判断して、Xの請求を棄却した一審の判決を支持し、控訴を棄却しました。

（本件店舗の明渡請求について）

① 　A及びXの更新拒絶通知は、契約期間満了の1年前から6月前までの間に行われていないことから、借地借家法26条1項の要件を充足していない。したがって、本件店舗の賃貸借契約は、法定更新され期間の定めがない契約となっていることから、Xの更新拒絶による契約終了に基づく本件店舗の明渡請求には理由がない。

② 　法定更新後のXの本件店舗の明渡請求は、借地借家法28条1項所定の解約の申入れと認められるが、X、Y双方における本件店舗の必要性の程度を比べたとき、Xの自社ビル建築の必要性の程度、賃料が低廉で不適正であるとのXの主張に合理性が認められないこと、仮に1,000万円ないしこれに近い金員を正当事由の補完としてXが提供することを参酌しても、Y経営のカラオケ店の規模、営業年数、周辺の状況等を考量すると、本件店舗でYが営業を継続する利益は大きく、Xの解約の必要性がYの利益に比較して明らかに小さいことから、Xの解約申入れに正当事由があるとは認められない。

（本件駐車場の明渡請求について）

③ 　本件各契約はカラオケ店営業のために事実上一体として締結されたものであって、Yがカラオケ店営業をするためには、本件店舗のほかに、本件駐車場を利用することが不可欠な状況にあることが認められる。本件店舗の賃貸借契約が法定更新され、その後の解約申入れも正当事由がないとして賃貸借契約関係が継続しているにもかかわらず、本件駐車場の賃貸借契約が終了しているとして明渡請求が認められれば、結局本件店舗の賃貸借契約の目的は達せられないこととなり、同契約の更新拒絶あるいは解約申入れについて、賃借人の保護と賃貸人との利益調整の観点から正当事由を要求した借地借家法の趣旨に明らかに反する結果となる。一方、本件駐車場の賃貸借契約について更新拒絶を認めなかったとしても、本件駐車場のみでの利用価値は低く、本件店舗と一体として利用されることが社会経済上も望ましいし、当事者の合理的意思にも合致する上、その賃料が適正でない場合には賃料増額請求の手続を行うことも可能であるから、Xに特段の不利益はない。

④ 　以上からすれば、本件店舗の賃貸借契約が終了していないにもかかわらず、本件駐車場契約について更新拒絶や解約申入れをすることは権利の濫用にあた

るというべきであり、本件駐車場の賃貸借契約が本件店舗の賃貸借契約とともに存続すべきこと等を考えると、本件駐車場の賃貸借契約は更新され期間の定めのない契約となったと解するのが相当である。

○本事例を検討する際の留意点

上記判決からすれば、本事例においては、建物の賃貸借契約に係る更新拒絶（上記判決の事案のように法定更新されていた場合には解約申入れ）の正当事由が満たされるか（特に相談者の自己使用の必要性と賃借人の使用の必要性との比較）、建物賃貸借と駐車場使用契約との間の一体性が認められるかなどについて、事実関係を踏まえて確認のうえ、対応を検討することが大切です。

○本事例及び上記判決から学ぶこと

最高裁判決（平9・7・1）においては、借地が分筆され、建物が存在しない土地の買主である土地賃貸人からの明渡請求が権利の濫用にあたるか否かは、①買主・借地人双方における土地の利用の必要性ないし土地を利用することができないことによる損失の程度、②土地の利用状況に関する買主の認識の有無や明渡請求に至った経緯、③借地人が対抗要件を具備していないことがやむを得ないというべき事情の有無等により判断されると指摘されています。

宅建業者・宅建士は、2つの契約が賃借人の利用目的等の観点から事実上一体的なものとしてなされる場合には、2つの契約が連動する（建物賃貸借が終了すれば駐車場契約が終了する）旨をあらかじめ特約として定め、2つの契約関係の存続の在り方につき疑義が生じないようにしておくことが大切です。

また、管理業者は、建物賃貸借に関しては正当事由が満たされるかを確認し、駐車場契約に関しては賃借人の利用目的等から建物賃貸借との間でどの程度の関連性があると評価されるか、駐車用契約の解約等が権利の濫用とはならないかなどを検討のうえ、賃貸人に適切な対応をとるよう助言することが大切でしょう。

Q⁵⁸ 賃貸している建物が、倒壊又は崩壊する危険性が高いので、賃借人に退去を求めたい。

耐震診断の結果、賃貸建物は、構造耐震指標であるIs値が一部の階において「倒壊又は崩壊する危険性が高い」とされる0.3未満であることが判明しました。賃借人には立退料を支払うので退去を求めたい。　　　（賃貸人／法人）

▐関連裁判例の紹介▐ ▷▷▷▷▷▷

　本事例を検討するに当たっては、平成26年12月19日東京地裁判決が参考となります。

【上記判決の概要】
●事案の概要●
（X：賃貸人　Y：賃借人）

　賃貸人Xは、昭和46年3月建築の建物（1階から6階までは鉄筋鉄骨コンクリート造、7階から10階までは鉄骨造）（本件建物）を所有していた。

　Xは、昭和53年5月24日、賃借人Yと本件建物の一部につき契約期間2年とする賃貸借契約（本件契約）を締結し、Yは店舗として使用した。その後本件契約は、平成27年5月23日まで更新された。

　平成23年4月1日、東日本大震災を契機に施行された「東京における緊急輸送道路沿道建築物の耐震化を推進する条例」により、

ア　緊急輸送道路に接する沿道建築物の所有者に耐震化の努力義務を課す。

イ　緊急輸送道路のうち、特に沿道建築物の耐震化を図る必要がある特定緊急輸送道路に接する特定沿道建築物の所有者に、建築士等による耐震診断の実施と結果報告の義務を課す。

ウ　耐震診断の結果、安全性の基準に適合しない特定沿道建築物の場合、必要な耐震改修等を実施する努力義務も課す。

こととされた。

　平成23年6月28日、本件建物が接する通りが特定緊急輸送道路に指定されたため、Xは、構造計算会社Aに本件建物の耐震診断を依頼し、Aは平成24年7月にかけて耐震診断を行った。

　Aによる耐震診断（本件耐震診断）の結果、本件建物の各階の構造耐震指標であるIs値が一部の階において0.3未満であり、「倒壊又は崩壊する危険性が高い」ということが判明した。

　そこでXが、平成24年12月21日、建物の朽廃等を理由とし、立退料を支払うこ

とを条件に、Ｙに対し本件契約の解約を申入れ、本件建物の明渡しを請求したのが本事案である。

●相手方（Ｙ）の言い分●

これに対しＹは、耐震診断の結果、本件建物の耐震性に問題があることが判明したとしても、そのことから直ちに借地借家法上の建物賃貸借契約の終了事由である「朽廃」に当たるというわけではないと主張している。

●裁判所の判断●

裁判所は概ね次のように判断し、相当額の立退料支払いを条件としてＸの請求を認容しました。

（建物の朽廃について）

① 本件建物の耐震性が法令上の基準を下回っており、Ｘが条例に基づく耐震改修を実施すべき義務を負ったとしても、同義務は努力義務にとどまること、8階及び10階を他のテナントが使用していること、鑑定人である不動産鑑定士作成の鑑定書では、本件建物の経済的残存耐用年数が軀体並びに設備部分とも2年と判定されていることに照らせば、現時点で直ちに本件建物が朽廃しているとは認められない。

（解約申入れの正当事由について）

② 本件建物は、本件耐震診断で「地震の震動及び衝撃に対して倒壊又は崩壊する危険が高い」とされ、役所からも耐震改修等の実施勧告等を受けていること、耐震改修では建物の使用勝手が著しく悪くなり、工事費用も2億円余が見込まれ、社会経済的な観点からは建て替える必要性が高いこと等に加え、ＸがＹに立退料の提供を主張している事情を考慮すれば、Ｘからの解約申入れは、借地借家法28条所定の正当事由を具備していると認めることができる。

（立退料について）

③ 立退料については、本件建物は条例上の特定沿道建築物に当たり、耐震化は地震により倒壊して緊急輸送道路を閉鎖することを防止するという公益目的から要請されるものであること、耐震改修等の実施義務が努力義務であることを考慮しても、本件建物の耐震性能が不足して耐震改修等が必要であることや本件建物部分の明渡しはＸにとっても不随意であることといった事情を考慮する必要がある。また、鑑定において、本件建物の経済的残存年数は約2年とされ、大規模な修繕等の実施も考え難いため、Ｙはそう遠くない時期に店舗移転の必要が生じることが予想される。これらの事情に照らせば、立退料算定において、Ｘが私的利益確保のための明渡しを求める場合と同一視はできず、衡平の見地から、本件建物の取り壊しによって生じるＹの損失をＸだけに負担させるのは相当でないというべきである。

　そうすると本件では、鑑定等で算定された借家権価格や営業補償金等の2分の1に相当する額を解約申入れの正当事由を補完する立退料として採用することが相当である。

○本事例を検討する際の留意点

　上記判決からすれば、本事例においては、相談者が提供しようとしている立退料が適正な額であるかなどについて、事実関係や専門家の意見を踏まえ確認のうえ、対応を検討することが大切です。

○本事例及び上記判決から学ぶこと

　建物賃貸借契約で、耐震診断の結果、倒壊などの危険性が高いことが判明した場合には、契約の解約申入れや期間満了時の更新拒絶を検討することになります。

　管理業者は、この場合も借地借家法28条の正当事由を満たす必要があり、状況に応じて適正な額の立退料を提供する必要があることに注意する必要があります。ただし、本判決の事案のように、社会経済的な観点から建て替えの必要性が高いと考えられる場合には、立退料の算定においては、公益目的も考慮・加味され、賃貸人の私的利益確保のための明渡しの際とは異なり得ることにも留意して下さい。

賃貸人に原状回復工事の実施を条件に費用を支払ったのに、工事を実施しないので、不当利得の返還を請求したい。

　当社は店舗の賃借人ですが、賃貸借契約を合意解約する際に原状回復工事を賃貸人が実施することを条件に原状回復工事費用を支払いました。ところが賃貸人は同工事を実施せず、また新賃借人への賃貸により不当利得を得ているので、賃貸人に対し、費用の返還を求めたい。　　　　　　（賃借人／法人）

■関連裁判例の紹介▶▶▶

　本事例を検討するに当たっては、令和元年10月1日東京地裁判決が参考となります。

【上記判決の概要】
●事案の概要●
（X：賃借人　Y：賃貸人）

　賃借していた店舗（本件店舗）からの退去にあたり、現状有姿（居抜き）での明け渡しを希望していた賃借人Xは、賃貸人Yとの間で、平成28年5月31日付けで賃貸借契約（本件契約）を解約することに合意し、解約合意書（以下「本件合意」）を取り交わした。本件合意には、「①Xは、解約により、賃貸借契約の約定に基づき、Y指定業者により原状（スケルトン状態）回復を行い、本件店舗の明け渡しを完了すること、②Xは、Yに対し、原状回復工事費用594万円（消費税込）をYからの請求に基づき平成28年6月15日までに支払うこと」との記載があり、Xは、本件合意に基づき、594万円から、敷金により充当される分を差し引いた322万円余を支払った。

　ところがYは、本件店舗の原状回復工事を行うことなく、平成28年8月2日に、新賃借人と契約期間を平成28年7月15日から平成35年7月31日までとする定期建物賃貸借契約を締結した。同契約書では、原状回復等に関して、「本契約終了と同時に、新賃借人は、新賃借人所有の造作、設備及び物品等を自己の費用をもって撤去し、新賃借人の希望によりYが設置したY所有の造作及び設備についてもYの要求があるときは、新賃借人の費用をもってこれを取り外し、かつ、本物件、付属設備及び造作の破損、汚損箇所を自己の費用をもって修理し、本物件を契約締結時の原状に回復して、Yの点検承認を得てYに明け渡すものとする。賃貸借期間満了により本契約が終了する場合には、上記条項の定めに関わらず新賃借人は原状回復義務を負わないものとする。」とされていた。

　以上のような経緯のもと、Xが、「原状回復工事を実施しないまま新賃借人に

本件店舗を賃貸したことは本件合意に違反したことになり、原状回復工事費用594万円相当額を保持する法律上の原因は存在しない。新賃借人との間で賃貸借契約を締結した後は、新賃借人の使用により実施予定であった原状回復工事の内容は見積書記載の工事内容とは異なることになり、Ｘとの本件合意に基づく原状回復工事を実施しないことが確定した。Ｙは、少なくとも新賃借人との間で賃貸借契約を締結した以後は悪意である」等と主張して、Ｙに対し、594万円の不当利得の返還を請求したのが本事案である。

●相手方（Ｙ）の言い分●

これに対しＹは、以下のように主張している。

・原状回復工事費用の合意に達したのは平成28年5月13日であり、その時点で同年5月31日までに原状回復工事を実施することは既に不可能であった。

・Ｘとの間で、同年6月15日までに原状回復工事費用として594万円を支払うことにより原状回復義務の履行に代えること等とする合意が成立しており、Ｙには当該金員を取得する法律上の原因がある。

●裁判所の判断●

裁判所は概ね次のように判断し、Ｘの請求を棄却しました。

（法律上の原因について）

① 本件合意は、Ｘが本件店舗の原状回復工事費用594万円（消費税込）を同年6月15日までにＹへ支払うことによりＸの原状回復義務を免除して明け渡しが完了することとし、解約日までの賃料や敷金等の清算の他には、本件賃貸借契約に関しＸ及びＹは何ら債権債務が存在しないとする旨の合意であると解するのが相当である。本件合意はその後の事情変更により、Ｙが原状回復工事を実施しなかったり、その工事内容が変更され上記金額と異なったとしても、その清算を行わないことを前提とした合意であると解され、原状回復工事費用594万円は、本件合意に基づき支払われたものであるから、法律上の原因がある。

（利得について）

② Ｙは、本件合意後、新賃借人に対し本件店舗を賃貸しているが、新賃借人は、賃貸時の原状に復する義務を負うものとされているに過ぎず、また賃貸借期間満了により賃貸借契約が終了する際には原状回復義務を負わない旨合意しており、Ｙに利得が生じているとはいえない。

（原状回復について）

③ Ｘは、本件契約の解約時の本件店舗の内装造作についても新賃借人が原状回復工事を行う義務を負うことから、Ｙが二重に原状回復費用を取得することができる旨主張する。しかし、Ｘが指摘する条項は、新賃借人の希望によりＹが新たに設置した内装造作について定めているものであり、本件契約の解約時の

本件店舗の内装造作について新賃借人が原状回復工事を行う義務を負うものと解することはできない。

（結論）

④　よって、Yは、法律上の原因なく利益を受けたものに当たらず、XのYに対する不当利得返還請求権は発生しないことから、Xの請求には理由がない。

○本事例を検討する際の留意点

　上記判決からすれば、本事例においては、原状回復に係る合意の内容を確認し、その後の事情の変更（賃貸人が実際に工事をしなかった場合など）においても清算を行わないことが前提となっているかなどについて、事実関係を踏まえて確認のうえ、対応を検討することが大切です。

○本事例及び上記判決から学ぶこと

　建物の原状回復では、実際に賃借人が工事を実施するのではなく、当事者間で合意した原状回復費用を賃借人が賃貸人に支払うという取扱いをすることが多いと思われます。

　管理業者は、トラブル防止の観点から、その合意内容を書面で明確にしておくことが大切です。なお原状回復は、賃借人が契約期間中に賃貸物件を使用したことに伴い生じる債務であり、特段の事情がない限り、事後的な状況の変化によってその内容に変更が生じることはないことにも留意する必要があります。

Q60 賃貸借契約解除に伴い、賃貸人に造作の買取り等を求めたい。

　飲食店として賃借していた店舗に、自分が設置した造作を残したまま退去しました。その後賃貸人は、飲食店利用を目的とした新たな賃借人に対し、自分が退去した状態で賃貸し、残した造作等を使用させているため、賃貸人に対し、造作買取または不当利得としての金員の支払を求めたい。（賃借人／個人）

関連裁判例の紹介

　本事例を検討するに当たっては、平成28年9月29日東京地裁判決が参考となります。

【上記判決の概要】

●事案の概要●

（X：賃借人　Y1：賃貸人　Y2：次の賃借人）

　平成22年10月、賃借人Xは、賃貸人Y1との間で、元夫が居酒屋として借りていた建物（本件建物）の賃貸借契約（本件契約）を、以下の内容で締結した。

・契約期間3年、保証金300万円
・Xは明渡し時に、設置した造作・設備等を撤去し、建物の変更箇所および建物に生じた汚損、損傷箇所をすべて修復して、引渡し当初の原状に復さなければならない。
・契約終了時に建物内に残置されたXの所有物があり、建物を維持管理するために、緊急やむを得ない事情があるときは、Xはこれを放棄したものとみなし、Y1はこれを必要な範囲で任意に処分し、処分費用をXに請求することができる。

　平成26年5月ころ、XとY1は、本件契約を解約し、本件建物内に残置された設備や什器備品等についての原状回復義務を免除する旨合意した。平成26年6月、Xは本件建物を明渡し、Y1は保証金から償却費や未払賃料を控除した残金をXに送金した。

　Y1は、その後、飲食店として利用する予定のY2との間で本件建物の賃貸借契約を締結した。

　以上のような経緯のもと、Xが、Y1に対し、造作買取請求又は有益費償還請求権に基づき458万円余の支払いを、Y2に対し、不当利得返還請求権に基づき什器備品等の時価合計額507万円余の支払いを、それぞれ請求したのが本事案である。

●相手方（Ｙら）の言い分●

　これに対しＹらは、Ｘの請求は、本件契約の終了に際してＹ１から原状回復特約に基づく原状回復義務を免除され、原状回復及びこれに要する費用の負担を免れながら、さらに本件建物内に残置した設備・備品等の買取を請求することにより重ねて利益を得ようとするものであり、不当な請求であると主張している。

●裁判所の判断●

　裁判所は概ね次のように判断し、Ｘの請求を棄却しました。

（造作買取請求、有益費償還請求について）

①　事業用物件において、賃借人の営業のための内装設備が、直ちに建物の価値を増加させたり、後の使用者に有益なものとなるとはいえないことから、賃貸借契約書に原状回復特約の定めがある場合には、当事者は、賃借人が原状回復義務を履行せずに賃貸人に対し有益費の償還請求及び造作の買取請求を行うことを想定しているとはいいがたい。したがって、本件の原状回復特約は、ＸのＹ１に対する造作買取請求権及び有益費の償還請求権を予め放棄することもその内容としていたものといえる。また、解約時の合意により、この原状回復特約自体を失効させたとはいえない。

　さらに、Ｘが残置した設備等の設置時の時価も不明で、設置から20年弱が経過しており、合意解除時に価値が残存していたとは認めがたいから、Ｘの造作買収請求等は理由がない。

（不当利得返還請求について）

②　Ｘは、Ｙ２は時価相当額461万円余の什器備品等を利得したとも主張するが、これらは、合意解除時に価値が残存していたものとは認めがたい。また、本件契約で、契約終了時に残置されたＸの所有物は、建物の維持管理のために緊急やむを得ない事情があるときは、Ｘはこれを放棄したものとみなすものと定められていること、平成26年7月末の内装工事実施まで、Ｘから残置物の引取等の申出はなかったことからすれば、Ｘは上記什器備品を含む本件建物内の残置物について所有権を放棄したものと評価しうる。

　よって、Ｘの不当利得返還請求も理由がない。

○本事例を検討する際の留意点

　上記判決からすれば、本事例においては、賃貸借契約中の契約終了時における賃借人の権利義務（原状回復義務、造作買取請求権等）に係る特約の有無及びその内容をもとに、相談者の造作買取請求等が認められるかについて、事実関係を踏まえて確認のうえ、対応を検討することが大切です。

○本事例及び上記判決から学ぶこと

　退去した賃借人と、その後に入居する賃借人の使用目的が同じであるような場合、退去した賃借人の原状回復義務を免除するケースがあります。この場合に、同義務の免除とともに、賃借人が残置した造作に関する取扱（所有権の帰属・所有権移転に伴う金銭の授受等）を明確にしておかないと、本件のようなトラブルに発展する可能性があります。

　管理業者は、賃借人の原状回復義務を免除する場合、これと併せ、賃借人は造作買取請求権及び有益費の償還請求権を放棄する旨を記載した書面等を取り交しておくことが考えられます。

　また、宅建業者・宅建士は、トラブル防止のため、賃貸借契約書中に原状回復や造作買取請求権等の取扱いについて明確に規定しておくことが大切でしょう。

Q61 賃貸人が原状回復工事を実施せずに第三者に賃貸したので、原状回復義務の履行に代えて支払った金員の返還を求めたい。

借りていた飲食店舗の退去時に、賃貸人と協議し、原状回復義務の履行に代えて原状回復費用を支払って明け渡しました。ところが、賃貸人は原状回復工事を行わず、別の賃借人に賃貸したので、原状回復費用の返還を求めたい。

（賃借人／法人）

■関連裁判例の紹介 ▷▷▷▷▷▷▷▷▷▷

本事例を検討するに当たっては、平成29年12月8日東京地裁判決が参考となります。

【上記判決の概要】
●事案の概要●
（X：賃借人　Y：賃貸人　A：前賃貸人　B：次の賃借人）

賃借人X（飲食業）は、平成21年1月、賃貸人Aとの間で、契約期間を6年とする定期建物賃貸借契約（本件契約）を締結し、商業ビルの一室（本件建物）を借り受けた。

本件契約では、契約終了時の原状回復に関して以下の内容が定められていた。

> ・Xは、本件賃貸借契約終了に際し、Xが実施した設備、機器、間仕切り建具、物品等をXの負担で撤去し、原状回復の上明け渡す。
> ・原状回復に要する工事は、A又はAの指定する者がこれを行い、その費用はXが負担する。
> ・本件賃貸借契約終了時に本件建物内に残置物がある場合は、Aは、Xがその所有権を放棄したものとしてこれを任意に撤去、処分することができ、Xはこれを予め承諾する。
> ・本件建物の原状は、貸渡日の現況にかかわらず、建物竣工時の設備・仕様（いわゆるスケルトン状態）とし、前賃借人の設置設備等については、Xが実施したものとしてその原状回復義務を負う。
> ・Xは、本件建物の明渡しに際し、事由・名目の如何にかかわらず、Xが新設・付加した造作等の買取その他一切の請求をすることができない。

平成24年12月、Yは本件ビルをAより買受け、本件契約の賃貸人の地位を承継した。

XとYは、契約期間の満了を迎え、再契約の折り合いがつかなかったことか

ら、協議の結果、平成27年1月に「XとYは、本件賃貸借契約の原状回復に係る定めにかかわらず、XがYに702万円を支払うことにより、Xの原状回復義務の履行に代えることを合意する。」との退店確認書（本件退店確認書）を取り交わした。

　Xは、本件退店確認書に基づき、Yに対して上記702万円を支払い、平成27年1月20日までに本件建物を明け渡した。同年4月、YはXが使用していた厨房・内装設備等について原状回復工事を実施しないままの状態で、本件建物をBに貸し渡した。

　以上のような経緯のもと、Xが、Yが同原状回復工事を実施していない以上、Xがその対価として支払った上記金員は損害又は不当利得に当たるなどと主張して、債務不履行に基づく損害賠償又は不当利得の返還を請求したのが本事案である。

●相手方（Y）の言い分●

　これに対しYは、以下のように主張している。

・本件賃貸借契約では、Xが設置した造作等及び明渡しの際に残置した物件については、同契約終了時点においてXはその所有権を放棄し、すべてYに帰属することや、Yにおいて自由に処分可能であること、Xには造作買取請求権等は認められないことが明確に定められている。

・本件退店確認書も当然にこれを前提とすることになるから、本件建物明渡後に本件建物に残置される厨房・内装設備等があれば、Yがその所有権を取得し、これをいかに処分または利用してもよいものとして合意がなされている。

●裁判所の判断●

　裁判所は概ね次のように判断し、Xの請求を棄却しました。

（Yの債務不履行について）

①　本件退店確認書に記載されているのは、XがYに702万円を支払うことにより、Xの原状回復義務の履行に代えることを合意する旨にとどまるのであり、Yが原状回復工事を行わなかったことが債務不履行に当たるとはいえない。

（Yの不当利得について）

②　Xは、本件退店確認書において、原状回復義務の履行に代えてYに対し702万円を支払う旨を約し、同合意に基づいてこれを支払ったものであるから、当該金員の支払いが法的原因を有することは明らかである。

③　Xは、BがYとの間で本件契約同様の原状回復義務を負担しているとすれば、Yは本件契約における原状回復費用相当額を不当に利得することになる旨主張するが、仮にBとの間でそのような合意がされていたとしても、少なくともXとYとの間で上記702万円の支払いが法的原因を失うものではない。

（結論）

④　よって、Ｙの債務不履行または不当利得を前提とするＸの請求には理由がない。

○本事例を検討する際の留意点

上記判決からすれば、本事例においては、賃貸人が実際に原状回復工事を実施することを義務付けるような特段の取り決めなどがあったかについて、事実関係を踏まえて確認のうえ、対応を検討することが大切です。

○本事例及び上記判決から学ぶこと

賃借人は、賃借物を受け取った後にこれに生じた損傷がある場合には、賃貸借が終了したときに、その損傷を原状に復する義務を負います（民法621条）。賃借人の原状回復義務の履行に代えて金員を支払う旨の合意がなされれば、当該合意に基づき当該金員を支払うことにより、賃貸借当事者間の原状回復に係る法律上の債権債務関係は完結するものと考えられます。

管理業者は、特段の合意がない限り、実際に賃貸人が原状回復工事を行う法的義務まではないことを踏まえ、賃借人に対し適切に対応することが大切です。

Q62 築後相当の年数が経っているアパートに12年間居住した賃借人が負担すべき原状回復費用について、算定をどうすればよいか。

　私は、昭和47年築のアパートに12年間住んでいましたが、今回、高齢者施設に入居することから、退去することになりました。退去時の原状回復費用の請求がありましたが、納得がいかないので支払を拒否したい。（賃借人／個人）

■関連裁判例の紹介■

　本事例を検討するに当たっては、平成28年8月19日東京地裁判決が参考となります。

【上記判決の概要】
●事案の概要●
（X：賃借人　Y：賃貸人）
　平成14年9月、賃借人Xは、賃貸人Yが所有する昭和47年築の本件アパートの一室（本件居室）を、下記条件にて賃借した。

・賃料：月額7万9,000円
・敷金：15万8,000円
・契約の解約：Xは1ヵ月以上の予告期間を置いて本件賃貸借契約を解除することができる。ただし、Xは、予告期間に代えて賃料の1か月分相当額をYに支払い、即時解約することができる。

　平成26年7月1日、Xは仲介業者Aを通じてYに対し、解約日を同年8月15日とした解約届を差し入れた。

　解約にあたり、Yから敷金よりも高額の原状回復費が請求されたところ、原状回復費用は発生しないとして、Xが、Yに対し差し入れていた敷金15万8,000円、前払賃料7万9,000円のうち日割り計算による精算金6万1,164円の合計21万9,164円の返還を請求したのが本事案である。

●相手方（Y）の言い分●
　これに対しYは、明渡された本件居室内部が荒れ果てており、Xが負担する原状回復費用は計43万5,750円になると主張している。
（内訳）
・汚損等による本件居室の壁及び天井の塗装費用：50％負担（5万2,800円）
・汚損による便器セット取替費用：全額負担（15万5,000円）

- 汚損によるクッションフロア取替え費用：全額負担（2万8,000円）
- 襖張替等：全額負担（6万600円）
- 天袋張替等：全額負担（9,600円）
- 畳表替：50％負担（3万3,000円）
- ひびの入ったガラスの修繕：全額負担（3万6,000円）
- ルームクリーニング：全額負担（3万5,000円）
- 諸経費：全額負担（5,000円）
- 消費税：2万750円

● 裁判所の判断 ●

　裁判所は概ね次のように判断し、Xの請求を一部認容しました。

（塗装費用について）

①　本件アパートは昭和47年築の建物であり、平成26年の時点で築後約42年が経過していること、Xが本件居室を約12年間にわたって賃借していたこと等からすると、通常使用がされていた場合の本件居室の塗装の残存価値は、塗装の再施工に要する費用の10％と見るのが相当である。そして、本件居室内部の写真からうかがわれるXの使用状況に照らすと、その半分である5％（5,280円）についてXの負担とするのが相当である。

（クッションフロア張替えについて）

②　クッションフロアについては、通常使用がされていた場合の残存価値は再施工費用の10％と見るべきところ、本件居室内部の写真からうかがわれるXの使用状況に照らすと、その半分である5％（1,400円）についてXの負担とするのが相当である。

（襖について）

③　襖については、Xが責任を自認する和室間仕切りの襖及び押し入れ襖各1枚を除き、Xの故意過失により損耗したことを認めるに足りる証拠がないことから、Xが原状回復費用を負担すべきなのは上記2枚分（2万800円）である。

（ルームクリーニングについて）

④　本件居室については、独りで住んでいたXが高齢で必ずしも体が自由に動かせなかったこともあって、日頃の清掃が十分に行われておらず、そのために汚れが固着した部分もあるものと認められることから、ルームクリーニングの費用は全額（3万5,000円）X負担とするのが相当である。

（ガラス修繕について）

⑤　本件居室のような鉄線入りのガラスは、鉄線が熱やさびによって膨張することにより、ひびが入ることがあると認められるところ、本件居室のガラスの割れ方は、1点に外力が加わったようなものではなく、また、Xが何らかの外力を加えたことをうかがわせる証拠もない。したがって、上記のひびがXの故意

過失により生じたものであると認めることはできず、ガラスの修繕はＸの負担
とはならない。

（便器セット取替、天袋張替え等、畳表替えについて）

⑥　便器セット等については、改修等が必要であったと認めるに足りる証拠はな
く、これらはＸの負担とはならない。

（結論）

⑦　以上から、Ｘが負担すべき原状回復費用は上記①〜④記載の金額に諸経費、
消費税等加えた6万8,153円となり、Ｙは、敷金15万8,000円から当該額を差し
引いた残額（8万9,847円）を返還すべき義務を負う。

◯本事例を検討する際の留意点

　上記判決からすれば、本事例においては、原状回復義務の内容につき、実際の
物件の損耗状況等を確認のうえ、契約（特約）や原状回復ガイドラインを踏まえ
て設備等ごとに具体的に検討することが大切です。

◯本事例及び上記判決から学ぶこと

　管理業者は、原状回復については、国土交通省が公表している原状回復ガイド
ラインで示されている具体的な取扱いや、個別の契約における特約の内容及びそ
の有効性を確認のうえ、その範囲や賃借人が負担すべき金額を算定することが大
切です。

Q63 タバコのヤニ汚れや壁の穴など賃借人の故意過失による損耗が大部分であるのでその分の原状回復費用を請求したい。

　賃貸マンションを退去した賃借人の居室に、タバコのヤニ汚れや壁の穴など賃借人の故意過失による損耗が多数あります。これらについて、賃借人に対し原状回復費用を請求したい。　　　　　　　　　　　　（賃貸人／個人）

■ 関連裁判例の紹介 ▷▷▷▷▷▷▷

　本事例を検討するに当たっては、平成28年6月28日東京地裁判決が参考となります。

【上記判決の概要】
● 事案の概要 ●
（X：賃貸人　Y：賃借人）

　平成25年2月4日、賃借人Yは、賃貸人Xとの間で、マンションの一室105号室（以下「本件建物」）につき、月額賃料7万9,000円、敷金7万9,000円とする賃貸借契約（本件契約）を締結した。

　なお、賃貸借契約書には、以下の特約が付されていた。

・明渡後の室内クリーニング及びエアコンクリーニングは特段の定めのない限り、Yの費用負担により行う。
・Yの故意、過失による物件内の設備及び備品等の破損又は故障や自然損耗ではないクロス、カーペット、フローリング、クッションフロア、畳、襖、障子等の汚損、破損においては、Yの負担とし、部分又は全面張替えを行うものとする。

　平成26年12月31日、Yの解約申し入れにより本件契約は終了し、同日YはXに対し、本件建物を明け渡した。

　Yは、本件契約の期間中に、本件建物内の壁、ドア、収納扉、ユニットバス、化粧台の各所に穴、傷等の通常の使用方法では生じえないような破損又は故障を生じさせ、また喫煙等により本件建物内の壁のクロス等をヤニで変色させ、臭いを付着させるなど自然損耗ではない汚損を生じさせた。

　Xは、Yの行為により本件建物に生じた損傷、汚損等を補修等するための費用として45万円余要したとして、平成27年1月26日、Yに対し、原状回復費用として敷金充当後の残額（37万円余り）を請求したが、Yからは同年4月3日にXに対し10万円の支払のみがなされた。

そこでXが、Yに対し、45万円余から敷金充当分7万9,000円及び受領済の10万円を差し引いた27万円余りを請求したのが本事案である。

●相手方（Y）の言い分●

これに対しYは、本件契約に定める特約の内容については認めるものの、喫煙によるヤニ汚れは入居前から存在しており、また、収納扉の作り替えや化粧鏡の交換費用は高額過ぎると主張している。

●裁判所の判断●

裁判所は概ね次のように判断し、Xの請求の一部を認容しました。

（天井クリーニング、壁クリーニング等について）

① 天井及び壁のクリーニング費用はいずれもヤニ汚れを除去するための費用であり、自然損耗ではない汚損であると認められるから、Yに支払義務がある。エアコン洗浄及び室内クリーニングについては、特約に基づきYに支払義務がある。

（壁の穴について）

② 壁の穴は、少なくともYの過失による破損であると認められるから、その補修費用はYに支払義務がある。

（収納扉の作り替えについて）

③ 収納扉の破損は、少なくともYの過失による破損であると認められるから、その補修費用はYに支払義務があり、金額も不相当とは認められない。

（壁クロス張替えについて）

④ 壁クロスにはヤニ汚れによる汚損があり、自然損耗ではない汚損であると認められる。汚損の内容に照らし、数量的、場所的な限定は不可能であり、クロスの張替え費用は全額をYが負担することが相当である。

（発生材処分費について）

⑤ 発生材は少なくともYの過失による破損の結果、損傷部分を交換し、不要になったものであるので、処分費はYが負担することが相当である。

（ユニットバス化粧鏡交換について）

⑥ 化粧鏡に破損が認められ、Yが平成25年2月の賃借開始後の平成26年8月頃に落下したとのことであり、入居時点ですでに不具合があるとか、破損が不可抗力であったなどと認めるに足りる証拠はない。Yは、化粧棚のみ交換することで足りるからより安い金額で交換が可能であると主張しているが、化粧台と化粧鏡は一式セットで併せて交換しなければならず、修繕は同種同等のものをもってすべきであるから、Xが請求する額全額についてYが負担することが相当である。

（諸経費について）

⑦ 　現場監督費等の諸経費は、必要性を認めるに足りる証拠はないことから、Y
　　が負担すべき費用とは認められない。

（費用の相当性について）

⑧ 　なお、Yは、補修等はより安い金額で可能であると主張し、別に見積書を提
　　出するが、同見積書は、実際に本件建物を検分して作成されているものではな
　　く、同見積書の存在によりただちにX主張の費用額が不相当であるとはいえな
　　い。

（結論）

⑨ 　よって、Xの請求のうち、上記⑦の諸経費5万円を除いた22万円余につき理
　　由がある。

〇本事例を検討する際の留意点

　上記判決からすれば、本事例においては、原状回復義務の内容につき、実際の
物件の損耗状況等を確認のうえ、契約（特約）や国土交通省が公表している原状
回復ガイドラインを踏まえて、設備等ごとに具体的に検討することが大切です。
原状回復ガイドラインでは、タバコのヤニ汚れ等については通常損耗には当たら
ず、また、喫煙等が禁じられている場合には用法違反に当たるものとして、賃借
人が原状回復義務を負うものとしていることに注意が必要です。

〇本事例及び上記判決から学ぶこと

　管理業者は、原状回復については、国土交通省が公表している原状回復ガイド
ラインで示されている具体的な取扱いや、個別の契約における特約の内容及びそ
の有効性を確認のうえ、その範囲や賃借人が負担すべき金額を算定することが大
切です。

　また、宅建業者・宅建士は、原状回復費用や敷金返還をめぐるトラブル防止の
ため、賃借人に対し、原状回復等の費用負担の取扱いにつき、契約時にしっかり
と説明することが考えられます。

Q64 賃貸借契約書の通常損耗補修特約に基づき、通常損耗分の原状回復費も支払ってほしい。

賃貸借契約書に、原状回復費用は通常損耗も含め賃借人が負担するとの約定があります。同約定に合意した賃借人に対し、通常損耗に係る原状回復費も賃借人に請求したい。 (賃貸人／法人)

関連裁判例の紹介

本事例を検討するに当たっては、平成29年4月25日東京地裁判決が参考となります。

【上記判決の概要】
●事案の概要●
(X：賃貸人　Y：賃借人)

平成15年8月、賃借人Yは、賃貸人Xとの間で、本件貸室につき、次の特約（本件特約）が存する賃貸借契約を締結した。

・貸室は現況のまま使用し、退室時は室内を入居の際の現況に復すこと。
・解約時の畳・襖・クロス・クッションフロア等の張り替え及び壁等の塗り替え等その他補修費用は折半とする。但し、室内クリーニング・エアコンクリーニング・破損箇所修理は全額賃借人負担とする。

その後、賃貸借契約は更新され、平成27年9月まで継続した。平成27年9月、XとYは、本件貸室の退室確認をし、Yは、不動文字で「記載された事項につき承諾いたしましたので署名します」との記載の入った「賃貸借物件退室確認項目」と題する書面に署名した。その後、XからYに対し、本件特約に基づく原状回復費と、その支払いがないため修繕及びその後の使用できなかった期間の賃料相当額の支払い請求がなされたが、Yが応じなかったことから、訴訟となったのが本事案である。

●相手方（Y）の言い分●

これに対しYは、賃借人に特別の負担を課す特約については、特約の必要性があり、暴利的でないなどの客観的合理的理由が存在すること、賃借人が特約によって通常の原状回復の義務を超えた修繕等の義務を負うことについて認識していること、賃借人が特約による義務負担の意思表示をしていることを要するところ、本件においてはこれらの事情がないから、通常損耗に係る補修費用を負担する旨の合意は存在しないと主張している。

● 想定される裁判所の判断 ●

裁判所は概ね次のように判断し、Xの請求を一部認容しました。

（約定に基づく通常損耗補修費用の請求について）

① 建物の賃貸借においては、賃借人が社会通念上通常の使用をした場合に生ずる賃借物件の劣化又は価値の減少を意味する通常損耗に係る投下資本の減価の回収は、通常、減価償却費や修繕費等の必要経費分を賃料の中に含ませて、その支払を受けることにより行われている。そのため、建物の賃貸借において、賃借人に通常損耗についての原状回復義務が認められるためには、少なくとも、賃借人が補修費用を負担することになる通常損耗の範囲が賃貸借契約書の条項自体に具体的に明記されているか、仮に賃貸借契約書では明らかでない場合には、賃貸人が口頭により説明し、賃借人がその旨を明確に認識し、それを合意の内容としたものと認められるなど、その旨の特約が明確に合意されていることが必要であると解するのが相当である（最高裁平成17年12月16日）。

② 本件特約には、「解約時の畳・襖・クロス・クッションフロア等の張り替え及び壁等の塗り替え等その他補修費用は折半とする。但し室内クリーニング・エアコンクリーニング・破損箇所修理は全額賃借人負担とする。」と記載されているにとどまり、Yが補修費用を負担することになる通常損耗の範囲を具体的に明記したものと認めることはできず、本件特約をもって通常損耗補修特約を定めたということは困難であるといわざるを得ない。また、全証拠を精査しても、通常損耗補修特約が明確に合意されていることを認めるに足りる的確な証拠はないので、通常損耗に係る補修費用をYが負担するものと認めることはできない。

（結論）

③ 通常損耗の範囲を超えるYの善管注意義務違反による毀損汚損部分に係る原状回復費用はYの負担となり、Xの請求はその限度において理由がある。

〇本事例を検討する際の留意点

上記判決からすれば、本事例においては、契約条項において、賃借人が補修費用を負担することになる通常損耗の範囲が、負担の転嫁も含め具体的に明記されているか、原状回復ガイドラインに記載されている特約締結の際の留意点が満たされているかなどについて、事実関係を踏まえて確認のうえ、対応を検討することが大切です。

〇本事例及び上記判決から学ぶこと

国土交通省が公表している原状回復ガイドラインでは、一定の要件を満たせば、通常損耗を賃借人負担とする特約も有効とされていますが、そのような特約

がある場合でも、賃借人が原状回復費を負担する箇所・設備や負担割合等が明確でないと、本事案のようにトラブルになる可能性があります。

　宅建業者・宅建士は、民法では通常損耗に関する原状回復費用は賃貸人負担とされていることを踏まえ、特約をする場合には、ガイドラインに示されている要件を満たすようにすることが大切です。

（参考）ガイドライン上の特約の要件

【賃借人に特別の負担を課す特約の要件】
① 　特約の必要性があり、かつ、暴利的でないなどの客観的、合理的理由が存在すること
② 　賃借人が特約によって通常の原状回復義務を超えた修繕等の義務を負うことについて認識していること
③ 　賃借人が特約による義務負担の意思表示をしていること

Q⁶⁵ ペット飼育可の物件であるので、ペット飼育による損耗補修分を払う必要はないのではないか。

ペットを飼育する場合は、預け入れた賃料1か月相当の敷金を償却するとの約定が賃貸借契約書に記載されています。しかしペットの飼育ができる以上、賃料にはペット飼育による損耗補修分も含まれていると考えられるはずであり、約定により償却された敷金の返金を求めたい。　　　　　　　　（賃借人／個人）

▌関連裁判例の紹介 ▶▷▷▷▷▷

本事例を検討するに当たっては、平成29年2月6日東京地裁判決が参考となります。

【上記判決の概要】
●事案の概要●
（X：賃借人　Y：賃貸人　A：入居者）

平成25年11月、賃借人Xは賃貸人Yとの間で、実際の入居者はAとして、マンション一室（本件貸室）に係る賃貸借契約を次の内容で締結した。

> 期間：平成25年12月1日から2年
>
> 賃料：12万1,000円
>
> 敷金：24万2,000円
>
> 特約：以下のとおり。
>
> ・ペット飼育細則を遵守するに限り、小型犬又は猫1匹まで飼育できるが、飼育の際は、Yに必要書類を提出し、賃料の1か月分相当額を敷金として預け入れるものとし、契約時に敷金1か月分は償却する（以下これを「ペット飼育特約」という）。
>
> ・明け渡し時に、敷金からクリーニング費用を控除する。
>
> ・X退去時の原状回復費用の分担方法は、契約時にXが説明を受け記名押印した「賃貸住宅紛争防止条例に基づく説明書」の定めによる。

平成27年11月、本件貸室の明渡しの完了後、Xが、ペットの飼育ができる以上賃料にはペット飼育による損耗補修費用分も含まれるはずであり、また、Yは、Xに上記特約（ペット飼育特約）の説明をしていないためXは上記特約に合意をしたとはいえないとして、Yに対し敷金全額の返還を請求したのが本事案である

　※なお、Xは敷金から控除された他の債務に関しても返還請求をしているが、ここではペット飼育による補修費用のみを採り上げる。

●相手方（Y）の言い分●

これに対しYは、ペット飼育の際の必要書類をAが記載し署名押印の上Yに提出しており、Xは自ら又はAを通じてペット飼育特約に合意していることから、この特約により、敷金から12万1,000円が控除できると主張している。

●裁判所の判断●

裁判所は概ね次のように判断し、Xの請求を棄却しました。

（ペット飼育特約の合意の有無について）

① 賃貸借契約書では、小型犬又は猫1匹までの飼育はできるものの、飼育の際にはYに必要書類を提出し、敷金として賃料の1か月分相当額を預け入れ、契約時に賃料1か月相当額を敷金から償却する旨規定されている。また、Yへの提出書類に、実際の入居者Aが犬種を記載のうえ、署名押印していることから、Xは、自ら又はAを通じて、Yとの間でペット飼育特約に合意していると認めることができる。

② 上記のとおり、ペット飼育特約の有効性が認められることから、Yは、当該特約に基づき、敷金から賃料1か月分に当たる12万1,000円を控除することができる。

（結論）

③ よって、ペット飼育特約が存在しないことを前提とするXの請求には理由がない。

○本事例を検討する際の留意点

上記判決からすれば、本事例においては、ペット飼育が認められた場合に敷金を償却する旨の特約は有効であることを前提としつつ、当該特約が明確に合意されているか、契約の際の手続きなどについて、事実関係を踏まえて確認のうえ、対応を検討することが大切です。

○本事例及び上記判決から学ぶこと

ペットが飼育できる賃貸物件の中には、ペットを飼育する場合には、飼育せずに居住するときに要請される敷金額に上乗せした金額を敷金として交付する特約や、本事例・上記判決の事案のように敷金を償却するという特約がなされている場合があります。ペットの飼育が認められているからといって、直ちにペット飼育に伴う損耗等の補修費用が賃料の中に含まれるということにはなりませんので、上記のような特約も有効となります。

また、ペットを飼育した場合の原状回復費用の負担については、国土交通省が公表している原状回復ガイドラインでも、「ペットにより柱、クロス等にキズが付いたり臭いが付着している場合は賃借人負担と判断される場合が多いと考えら

れる。」と記載されています。

　宅建業者・宅建士は、ペット飼育を可能とする条件で賃貸借契約を締結する場合は、ペット飼育のルールを定め、賃貸借契約書中に当該ルールの遵守義務を定めておくとともに、原状回復に係る規定中にもペット飼育によって生じる損耗の補修費用等に関する負担の在り方を規定し、賃借人にも説明のうえ、明確に合意をしておくことが大切です。

Q⁶⁶ 耐用年数を超過した壁クロス張替費用等につき原状回復義務はないとして敷金の返還を求めたい。

賃貸アパートを退去した際、クロスの張替え費用を敷金から差し引かれて返還されました。しかし、室内の壁クロス等は耐用年数を超過しており、原状回復義務はないはずなので、敷金全額の返還を求めたい。 （賃借人／個人）

▎関連裁判例の紹介 ▷▷▷▷▷▷▷▷

本事例を検討するに当たっては、平成28年12月20日東京地裁判決が参考となります。

【上記判決の概要】
●事案の概要●
（X：賃借人　Y：賃貸人）

X（賃借人）は、平成19年12月、Y（賃貸人）からアパートの1室（本件貸室）を借り受け（貸室：40㎡　賃料：105,000円／月　敷金：105,000円）、8年間居住後の平成28年1月8日に本件貸室から退去した。

退去に際し、Yは、Xに対し、原状回復費用（税込189,460円）及び未払い日割家賃28,000円の計217,460円につき敷金充当後の残額112,460円を請求した。

これに対しXは、以下のように主張して、Yの請求に応じなかった。

> ・ハウスクリーニング費用はYが通常負担すべきものであり、本件賃貸借契約においてXの負担とする特約も存在しない。
> ・壁クロス張替え費用については、「原状回復をめぐるトラブルとガイドライン」によれば、壁クロスの耐用年数は6年であり、本物件明渡しの時点での価値は0円または1円である。
> ・Yが主張する各種破損等は、存在しないか、通常損耗である。
> ・日割賃料については、Y側の都合で退去日が翌月8日に越月したものであるから発生しない。

そしてXが、敷金から控除できる金額は6,902円しかないとして、Yに対し、当該控除後の敷金98,098円の返還を請求したのが本事案である。

●相手方（Y）の言い分●

これに対しYは、以下のように主張している。
・ハウスクリーニング費用については、Xによる本件貸室の使用態様は劣悪で、

原状回復に要した費用は20万円相当であり、Xは少なくともその約4分の1に当たる48,000円を負担すべきである。

・壁クロス張替費用については、居室・トイレに多数の傷破れ・汚れがあり、Xは少なくとも修繕費用の半額（計34,637円）を負担すべきである。

・床クッション材張替費用については、長年放置されて剝がすのが困難な雑誌の張り付きや焼け焦げが広く多数あり、Xはこれらの修繕費用の10分の1（計35,000円）を負担すべきである。

・その他流し台引出し・浴室ドアの破損による交換代の一部、エアコン残置物撤去費用等として、Xは54,600円を負担すべきである。

●裁判所の判断●

裁判所は概ね次のように判断し、Xの請求を棄却しました。

（ハウスクリーニング費用について）

① 本件貸室内は著しく汚れが目立ち、Xは賃借人としての善管注意義務に反して本物件を使用しており、その使用状態のまま本件貸室を明け渡したと認められる。

Xが善管注意義務を尽くしていればハウスクリーニングが必須だったとは解されないが、Yとしては新たな賃借人に賃借するためにハウスクリーニングを実施せざるを得ず、少なくとも7万円程度の費用がかかることが認められる。ただし、ハウスクリーニングの実施によってXが善管注意義務を尽くしていた場合よりも良い状態になる部分があり得ること、ハウスクリーニング費用にはワックス仕上げの費用まで含まれていることを考慮すれば、上記費用の内4万8,000円を、原状回復義務の不履行に基づきXが負担すべき原状回復費用と認めることが相当である。

（壁クロス張替費用について）

② Xは、国土交通省の原状回復ガイドラインでは、壁クロスの耐用年数は6年とされ、本件における残存価値は最大で1円であると主張するが、仮に耐用年数を経過していてもXが善管注意義務を尽くしていれば、張替えは必須ではなかったことが認められる。また、原状回復ガイドラインでも「経過年数を超えた設備等を含む賃借物件であっても、賃借人は善良な管理者として注意を払って使用する義務を負っていることは言うまでもなく、そのため、経過年数を超えた設備等であっても、修繕等の工事に伴う負担が必要となることがあり得る」とされているところである。

台所の壁クロスの張替えには、少なくとも1万7,000円程度の費用が掛かり、その半額である8,500円を、原状回復義務の不履行に基づきXが負担すべき原状回復費用と認めることが相当である。

（その他の費用について）

③　床の雑誌の張り付きや汚れ、流し台引出しや浴室ドアの破損についても賃借人としての善管注意義務違反が認められ、通常損耗であるとのXの主張は採用できない。これらに対する費用総額9万6,000円の内5万2,000円を、原状回復義務の不履行に基づきXが負担すべき原状回復費用と認めることが相当である。

（結論）

④　よってXは、原状回復費用として11万9,350円（税込）の支払義務を負うことから、Xの請求には理由がない。

〇本事例を検討する際の留意点

　上記判決からすれば、本事例においては、経過年数を超えた設備等であっても、賃借人の善管注意義務違反による損耗の場合には修繕等の工事に伴う負担が必要となり得ることを前提に、壁クロスなどの損耗の原因などを、事実関係を踏まえて確認のうえ、対応を検討することが大切です。

〇本事例及び上記判決から学ぶこと

　上記判決の事案のように、室内の壁や床、設備の汚損・破損が著しい場合には、賃借人としての善管注意義務を果たしていないと判断され、耐用年数を超えたものであっても賃借人が原状回復義務を負うことがあります（上記判決が引用するように、国土交通省が公表している原状回復ガイドラインにもその旨明記されています）。

　管理業者は、原状回復ガイドラインの内容をしっかりと把握し、汚損・破損等の状況に応じ、賃借人に対し適正な費用負担を求めることが大切です。

Q⑥⑦ 火災等により貸室に損傷を与えた賃借人に、貸室を本来機能していた状態に戻す工事費用等の支払いを求めたい。

　私は、賃貸マンションの所有者ですが、貸室内をゴミ屋敷にしたうえ火災を発生させ、その後退去した賃借人がいます。この賃借人に対し、貸室を本来機能していた状態に戻す工事費用とその工事期間中の逸失利益の支払いを求めたい。
（賃貸人／個人）

▎関連裁判例の紹介 ▶▷▷▷▷▷▷▷

　本事例を検討するに当たっては、平成28年8月19日東京地裁判決が参考となります。

【上記判決の概要】
●事案の概要●
（X：賃貸人　Y：賃借人　A：前賃貸人）

　平成13年10月、Aは所有する賃貸マンション（本件建物）の1室（本件貸室）について、賃借人Yと賃貸借契約（本件契約）を締結した。

　平成23年9月、XはAから本件建物を相続し、本件貸室の賃貸人の地位を承継した。

　平成25年10月、本件契約は法定更新となった。

　平成27年2月、Yは本件貸室においてタバコの不始末による火災（本件火災）を発生させ、これによって本件貸室が使用できなくなったため、その後退去した。なお、Yは火災保険に加入しなかった。

　そこでXが、Y及び連帯保証人に対し、本件貸室の原状回復費用（各部屋のドア、壁紙・フローリング、給排水設備、電気設備及びガス設備の補修費用等）、原状回復工事が完了するまでの間の本件貸室を賃貸できなかったことによる逸失利益（賃料7か月分）、及び本件貸室の新たな入居者に本件火災事故を告知することによる賃料減額分の逸失利益（月額賃料×20％×24か月分）を請求したのが本事案である。

●相手方（Yら）の言い分●

　これに対しYらは、本件建物は築46年を経過しており、また本件貸室に19年以上居住していたことから、壁のクロス、フローリング、襖、流し台といった部分については、国土交通省策定の原状回復ガイドラインにおいて想定されている耐用年数を既に経過しており、これらは賃貸人であるXが負担すべきであると主張

198

している。また、Yは業者に依頼して本件貸室のオゾン燻蒸による消臭作業、壁紙剥がし、床剥ぎの作業等を合計112万円余かけて実施しており、原状回復義務を一部履行しているとも主張している。

●裁判所の判断●

裁判所は概ね次のように判断し、Xの請求を一部認容しました。

（Yの工事費用の負担義務について）

① 平成23年10月の時点で、本件貸室はいわゆるゴミ屋敷の状態であったこと、平成27年2月に残置物の撤去作業を行った時点においても、室内各所に夥しい量のゴミが詰め込まれていたことが認められる。

② Yの退去後の平成27年3月において、キッチンは床面のフローリングが剥がされ、キッチンとリビングとの間を仕切る引戸はガラスが破損していた。また、バルコニー前の窓の上に開けられた通気口の網戸は破損し、リビングの壁には穴を補修した跡が複数あった。さらに浴室においては、キッチンと仕切るドアのガラスが無くなっており、床面や壁面の表面が剥がれ、コンクリートには亀裂が入り、浴槽の蛇口は錆び付いて使用できず、浴槽の汚れも著しかった。本件火災が発生したのは本件貸室のリビングであるから、これらの設備の破損は、本件火災とは関係なく、Yによる不適切な手入れ又は用法違反が原因であると認められる。

③ 以上によれば、Yは、本件火災前の劣悪な使用方法及び本件火災により、通常使用により生じる程度を超えて本件貸室の設備を汚損又は破損したものと認められる。

よって、原状回復ガイドラインの考え方が本件に及ぶか否かにかかわらず、Yは、通常の使用をしていれば賃貸物件の設備等として価値があったものを汚損又は破損したのであるから、本件貸室の設備等につき本来機能していた状態に戻す工事を行う義務があるというべきである。また、Yは原状回復工事を一部行ったと主張するが、これが認められるのは玄関ドアの補修工事のみである。

（Xの損害額について）

④ YはXに対し、本件貸室の設備等を本来機能していた状態に戻すための補修工事費用、原状回復工事が完了するまでの間新たな入居者に本件貸室を賃貸することができなかったことによる逸失利益の支払義務を負い、その限度でXの請求には理由がある。

一方、本件火災の告知により新たな賃料が従前より確実に減額されるとの根拠は薄弱であり、将来の賃料の減額分を逸失利益と認めることは相当ではない。

〇本事例を検討する際の留意点

　上記判決からすれば、本事例においては、通常の使用を超えて生じた損耗等の原状回復は賃借人の負担となることを前提に、賃借人の利用の態様や建物の毀損状況等について、事実関係を踏まえて確認のうえ、対応を検討することが大切です。

　なお、賃借人の過失による火災の発生は、相談者（賃貸人）との関係では債務不履行となり、相当因果関係を有する相談者の損害についても賃借人が賠償の責めを負うことにも留意する必要があります。

〇本事例及び上記判決から学ぶこと

　管理業者は、民法では通常損耗や経年変化以外の損耗等について賃借人が原状回復義務を負うとされていること、国土交通省が公表している原状回復ガイドラインでは、「経過年数を超えた設備等であっても、賃借人は善良な管理者として注意を払って使用する義務を負っていることは言うまでもなく、賃借人が故意・過失により設備等を破損し、使用不能にしまった場合には、賃貸住宅の設備等として本来機能していた状態まで戻す費用（工事費や人件費等）について、賃借人の負担となることがある。」とされていることに留意して、賃借人に対し、適正な原状回復費用の負担を求めることが大切です。

　なお、上記のとおり、賃借人の過失による火災の発生は、賃貸人との関係では債務不履行となり、相当因果関係を有する賃貸人の損害につき賃借人は賠償の責めを負うこと（賃貸人との関係では、重過失がない限り責任を負わないとする失火責任法の適用はないこと）にも注意する必要があります。

Q68 退去時の原状回復工事は不要であるとの合意に基づき、賃貸人に対して敷金返還を求めたい。

私は、建物を事務所として賃借していましたが、賃貸人から建物の建替えを理由に明渡しを求められ、これに応じましたが、原状回復工事費用に充当するとして敷金の返還を受けられませんでした。建替えるのだから原状回復費用は不要のはずなので、その返還を求めたい。　　　　　　　　（賃借人／法人）

■ **関連裁判例の紹介** ≫≫≫

本事例を検討するに当たっては、平成27年11月26日東京地裁判決が参考となります。

【上記判決の概要】
●事案の概要●
（X：賃借人　Y：賃貸人　A・B：賃貸人の債権者）

平成23年1月、Yは、前所有者が下記条件により賃貸借契約（本件契約）を締結してXに賃貸中の本件建物を、前所有者から取得し、本件契約上の賃貸人としての地位および敷金の返還債務を承継した。

＜本件賃貸借契約の概要＞
- ・賃　　　料　　月額49万200円（税抜）
- ・敷　　　金　　294万1,200円
- ・中途解約　　賃貸人の都合により解約する場合は、本件建物の明渡しと引替えに、賃借人が賃貸人に預託している敷金の全額を返還し、かつ敷金の同額を違約金として賃借人に支払う。

同年6月、YはXに対し、本件建物の建替え工事のため、本件賃貸借契約の更新を拒絶する旨の通知をした。

同年10月、本件建物はA県を債権者とする差押えを受け、その後もB社を債権者とする仮差押えなどが相次いだ。

同年12月、XはYに対し、適当な移転先が見つからないので明渡しの猶予を求める通知をし、X担当者はYに対し、電話にて原状回復工事が不要であることを確認した。

平成24年8月、Xは本件建物を、原状回復工事を行うことなくYに明け渡した。

ところが同年9月、YはXに、本件建物には敷金を超過する原状回復費用がかかるので、敷金の返還はできない旨通知した（なお、平成27年8月時点で、本件建物の建替え工事は行われていない）。

そこでXが、Yに対し、Yによる本件契約の中途解約に基づく敷金および違約金計588万円余の支払いと、Yの「本件建物を建て替える」との虚偽の説明がなければXは本件建物を退去する必要はなかったとして、不法行為に基づく損害賠償（移転費用417万円余）を請求したのが本事案である。

● 相手方（Y）の言い分 ●

　これに対しYは、次のように主張している。

・Xの本件建物の利用状況が悪く、375万円余の原状回復費用がかかったことから、当該費用は敷金との対等額において相殺される。

・仮に建物を取り壊すとしても、その処分費用は高額になり、原状回復費用はその処分費用に充当される。

・現在、本件建物と所有する近隣物件とを合わせた開発に向けて準備中であり、建替えの必要性について虚偽の説明などしていない。

● 裁判所の判断 ●

　裁判所は概ね次のように判断し、Xの請求を一部認容しました。

（原状回復費用について）

① 　X担当者がYに対し、原状回復工事が必要ないか聞いたところ、Yが「はい」と答えたことが認められるから、X・Y間で原状回復工事を免除する合意が成立したものと認められる。

　　Yは、原状回復工事を不要とする合意はなく、Xが原状回復をした上で明渡すものと思っていたなどと主張するが、本件建物の建て替えを計画していたのであれば内装の原状回復は不要なはずであること、Yは本件建物の明渡し時に原状回復がなされていないことを確認したにもかかわらず何ら異議を述べなかったことなどからすると、Yの主張は採用できない。

　　よって、Yの敷金と原状回復費用との相殺の抗弁は認められない。

（Yの説明に係る不法行為の成立について）

② 　Yは、本件建物を建替えるつもりで、平成23年6月頃、Xに対し本件契約の更新拒絶と明渡しを求める通知をしている。その後、諸事情から本件建物の建替えは中断しているが、平成23年から平成24年当時は本件建物を建て替える計画があったことが認められる。したがってXに退去を求める際のYの説明につき、不法行為が成立するとは認められない。

（結論）

④ 　よって、Xの請求のうち、Yの都合による中途解約により契約上発生する敷金および違約金等計588万円余の支払い請求については理由がある。

○本事例を検討する際の留意点

　上記判決からすれば、本事例においては、契約終了の合意に際し、相談者と賃貸人との間で原状回復を免除する旨の明確な合意があったかなどについて、事実関係を踏まえて確認のうえ、対応を検討することが大切です。

○本事例及び上記判決から学ぶこと

　建物を取り壊す前提であれば、通常は、原状回復の必要はないとされます。しかし、そもそも原状回復義務は、賃借人が物件を利用することから生じる、賃貸借契約上賃借人が負うべき基本的な義務であることから、仮に建替えが予定されているからといって、契約期間中の物件の使用によって生じた損傷等について、当然にその義務が免除されるのは公平を失すると考えることもできます。

　管理業者は、賃借人が物件を明け渡した後に、原状回復費用の免除や移転費用の負担に係るトラブルが生じないように、当事者間で契約終了の条件（立退料の有無や原状回復費用負担の要否など）を合意し、その内容を記した合意書などを取り交わすことなども検討することが大切でしょう。

Q69 契約に違反して犬を飼育した賃借人に対し、毀損したフローリングの取替費用等の支払いを求めたい。

　私は、賃貸マンションの所有者ですが、契約に違反して無断で犬の飼育をした賃借人がいて、その居室内のクロスやフローリングが傷だらけとなりました。賃借人に対し、毀損したクロスやフローリングの交換費用の支払いを求めたい。　　　　　　　　　　　　　　　　　　　　（賃貸人／個人）

■ 関連裁判例の紹介 ▷▷▷▷▷▷▷

　本事例を検討するに当たっては、平成27年1月29日東京地裁判決が参考となります。

【上記判決の概要】
● 事案の概要 ●
（X：賃貸人　Y：賃借人）

　平成25年7月、賃貸人Xは、賃借人Yとの間で、都内の賃貸マンションの一室（本件貸室）について、以下の内容の賃貸借契約（本件契約）を締結し、Yに本件貸室を引き渡した。

＜本件契約の主な概要＞

　貸　　室：44.82㎡

　賃　　料：128,000円／月

　管 理 費：10,000円／月

　敷　　金：128,000円

　違 約 金：138,000円（Yが本件契約を2年以内に解約する場合及びYの違約により本件契約が解除される場合）

　ペ ッ ト：本件貸室内での動物飼育は禁止。

＜本件契約添付の原状回復修理基準＞

・ハウスクリーニング特約：1,100円／㎡程度、最低金額25,000円

・クロス：1室（状況や資材により部分貼替可）6年で残存価値1円になる負担割合を算定。

・フローリング：原則は部分貼替又は補修（毀損等が複数個所の場合は1室単位）。貼替えの場合は、当建物の耐用年数（50年）で残存価値1円となる負担割合を算定。

　本件契約開始当初、居住者はYのみで、ペット飼育の申し出はなかった。しか

しその後Yは、Xに無断でA（Yの兄）を同居させ、Xに届けないまま、Aが連れてきた中型犬を本件貸室内で飼い始めた。

近隣居住者から、深夜に犬の鳴き声がうるさくて眠れない、本件貸室のベランダからの犬の糞尿の臭気がひどい、糞が共用部分に落ちているといったクレームが数カ月にわたって再三寄せられたことから、XはYに対して、事前承認なくペットの飼育を行ってはならないことを指摘し、近隣苦情が重なっていることから改善を要望するとともに、転居することを勧めた。

Yは、平成26年4月、本件契約の解約を申し出、同年5月末、Xの手配した工事業者と原状回復の立会い確認を行い、本件貸室を退去した。

同年7月、XはYに対し、原状回復費用及び違約金として計78万円余の退去精算書を送付した。しかし、Yに再三架電するも応答がなく、支払いもなかったため、Xが、原状回復費用70万円余（フローリング及びクロスについて、当初の退去精算書では考慮していなかった経過年数を考慮して減額した額）及び違約金を請求したのが本事案である。

●相手方（Y）の言い分●

これに対しYは、退去はXの求めに応じたものであって、違約金を請求することは不当であるし、原状回復費用中のフローリング貼替費用については、全面貼替えの必要性に疑問があり、Xの請求額は高過ぎると主張している。

●裁判所の判断●

裁判所は概ね次のように判断し、Xの請求を認容しました。

（違約金の請求について）

① 本件契約において、他の者を同居させること及び動物の飼育は原則禁止されているところ、YはAと同居し、また、犬を飼育するにあたりXの承諾は得ていない。XがYに退去を求めたのはYの本件契約の違反行為によるものであるから、XがYに退去を求めたことがYにおいて違約金の支払義務を免れる理由とはならない。

（フローリングの原状回復費について）

② 本件貸室には、フローリング全体にわたって動物の爪等による引っ掻き傷があり、フローリング継ぎ目部分にも動物の糞尿等の染み込みと思われる黒ずみが多数見られる。本件貸室は室内に間仕切りがないタイプであり、新たに賃貸するためには、フローリングの部分貼替えではなく、全面貼替えが必要であることが認められ、全面張替えに要する費用から経過年数を考慮して算定されたXの請求額は相当である。（他の原状回復費用については省略）

〇本事例を検討する際の留意点

　上記判決からすれば、本事例においては、犬の飼育が契約違反行為であるか、クロスやフローリングの毀損が犬の飼育に伴うものであるかなどについて、事実関係を踏まえて確認のうえ、対応を検討することが大切です。

〇本事例及び上記判決から学ぶこと

　国土交通省が策定した原状回復ガイドラインにもとづけば、フローリングの毀損について賃借人が負担する原状回復費用は、原則として補修費用・部分貼替費用となります。しかし上記判決の事案のように、無断で、しかも室内飼育に不適切な犬種を室内で飼育し、その糞尿等を放置していたことなどによってフローリング全体に著しい損傷が生じているような場合には、全面貼替費用（ただし経過年数は考慮する）の負担が認められることがあり得ます。

　管理業者は、無断でのペット飼育等により生じた損耗・毀損などについては、賃借人に対し、適正な負担を求めることが大切です。

著者略歴

佐藤　貴美（さとう　たかよし）

平成元年　東北大学法学部卒業
平成元年　総理府（現内閣府）入省。
　　　　　以後建設省、総務庁、公害等調整委員会等を経て、平成13年3月退職。（平
　　　　　成3年〜5年　建設省住宅局民間住宅課に在籍し、賃貸住宅標準契約書の作
　　　　　成、マンション管理等の業務に携わる）
平成11年　司法試験合格
平成14年　弁護士登録（第一東京弁護士会所属）
平成16年　佐藤貴美法律事務所開設

主な著書　基礎からわかる賃貸住宅の管理（住宅新報社）
　　　　　ビル管理のための建築関連法規ガイドブック（共著）（技術書院）
　　　　　わかりやすい賃貸住宅標準契約書の解説（大成出版社）
　　　　　建物賃貸管理・マンション管理　緊急時の対応Ｑ＆Ａ（大成出版社）
　　　　　マンション管理・改修ガイドブック（共著）（大成出版社）

不動産賃貸借Q＆A

実務叢書 わかりやすい不動産の適正取引 シリーズ

2022年6月30日　第1版第1刷発行

著　佐　藤　貴　美

編　(一財)不動産適正取引推進機構
（略称：ＲＥＴＩＯ）

発行者　箕　浦　文　夫
発行所　株式会社大成出版社

〒156—0042
東京都世田谷区羽根木 1 — 7 —11　TEL 03（3321）4131(代)
https://www.taisei-shuppan.co.jp/

実務叢書　わかりやすい
不動産の適正取引 シリーズ
(一財) 不動産適正取引推進機構 編集

【実務叢書 発刊の趣旨】

- 近年の宅地建物取引業法に関する法令改正、裁判例の蓄積等に伴い、宅地建物取引業者、宅地建物取引士等に求められる知識、ノウハウが大幅に増加しています。
- 本実務叢書は、このような状況の中にあっても、宅地建物取引業者、宅地建物取引士等が、所要の知識等を身に着けて、不動産の適正取引を行うことができるよう、バランスの取れた知識等を、わかりやすい形で、普及することを目的に企画されたものです。
- 消費者の方々や不動産取引に関心のある方々等に役に立つものになることも、留意しています。
- 本実務叢書が、我が国における不動産の適正取引のさらなる推進や宅地建物取引業の信頼産業としての地位のさらなる確立に、役立つものになれば、幸いです。

<刊行順。その他、今後、新たな企画・刊行も予定>